Gerhard Merget
unter Mitarbeit von Heidemarie Brückner und Cornelia Zöllner

Musik erleben

Berufsfachschule
Kinderpflege

Stam 6828.

Bildquellenverzeichnis

Zeichnungen: Tanja Schmitt-Klapper
Zeichnungen S. 61–63: aus: B. Myer, Vocal Basics, Brühl 1996
(mit freundlicher Genehmigung des AMA-Verlags)
Zeichnungen S. 126: Heidemarie Brückner
Zeichnungen S. 136/137: Cornelia Kurtz
Fotos (Instrumente): Thomas Rose
Fotos (Praxis): Christine Eisert

 www.stam.de

Stam Verlag
Fuggerstraße 7 · 51149 Köln

ISBN 3-8237-**6828**-X

© Copyright 2001: Verlag H. Stam GmbH · Köln

Das Werk und seine Teile sind urheberrechtlich geschützt. Jede Verwertung in anderen als den gesetzlich zugelassenen Fällen bedarf deshalb der vorherigen schriftlichen Einwilligung des Verlages.

Inhaltsverzeichnis

	Vorwort	5
Teil A	**... wie jeder sofort einsteigen kann**	**7**
1	**Mit Klängen experimentieren und gestalten**	**8**
1.1	Klangmaterialien und Instrumente	9
1.2	Hör-Spiele	10
1.3	Klangbilder	14
1.4	Klangstücke	16
2	**Im Rhythmus sprechen und spielen**	**22**
2.1	Rhythmische Bausteine	22
2.2	Verse	25
2.3	Rhythmische Sprechstücke	29
2.4	Percussions-Arrangements	33
3	**Mit Stabspielen und anderen Instrumenten musizieren**	**37**
3.1	Pentatonik	37
3.2	Akkord-Begleitung von Liedern	41
3.3	Im Blues-Feeling	46
Teil B	**... was man wissen sollte**	**49**
1	**Wie Musik aufgebaut ist – elementare Musiklehre**	**50**
1.1	Notenschrift	50
1.2	Die Tonleitern	54
1.3	Akkorde	57
2	**Wie die Stimme funktioniert**	**60**
2.1	Die Atmung	60
2.2	Die Tonerzeugung	62
2.3	Die Stimmregister	64

Inhaltsverzeichnis

Teil C ... wie man mit Kindergruppen arbeiten kann **67**

1 **Kinderlieder singen und spielen** **68**

1.1	Spielidee: Strophenerfindung........................	69
1.2	Spielidee: Geschichten darstellen	72
1.3	Spielidee: Gesten und Sitztanz	74
1.4	Spielidee: Bewegung und Tanz	77
1.5	Textunabhängige Spielanregungen	80
1.6	Rhythmische Begleitung von Kinderliedern	83
1.7	Ziele der Liedvermittlung	88

2 **Geschichten mit Instrumenten gestalten**............... **90**

2.1	Eignung von Texten	90
2.2	Eine vorgegebene Gestaltung einüben	93
2.3	Eine Gestaltung mit der Gruppe entwickeln............	96
2.4	Von der Improvisation ausgehen	98
2.5	Weitere Beispiele	100
2.6	Ziele von Klanggeschichten	103

3 **Musik hören und aktiv erleben** **105**

3.1	Hörgewohnheiten.................................	105
3.2	Musik für Kinder..................................	106
3.3	Methoden des Hörens mit Kindern	107
3.4	Programmmusik mit Erzähler........................	109
3.5	Programmmusik ohne Erzähler	113
3.6	Filmmusik und Musical.............................	115
3.7	Ziele des Musikhörens mit Kindern	118

4 **Mit Musik bewegen – Beschäftigungseinheiten** **119**

4.1	Ein Lied zum Einstieg..............................	119
4.2	Das Gespensterfest – eine Bewegungsimprovisation	121
4.3	Das Königskind – vorgegebene Bewegungen	124
4.4	Das Regenlied – Aufforderung zum Tanz...............	128
4.5	Was ich liebe – Übungen zum gelösten Singen...........	130
4.6	Aram sam sam – Klanggesten und Tanz	132
4.7	Die Erde ist ein Ball – gebundene Bewegungsabfolgen	135
4.8	Das Schneeglöckchen – Anregung zur Ausdrucksgestaltung .	139
4.9	Entspannen mit Musik – das tut gut...................	141

Sachwortverzeichnis **144**

Vorwort

Der Unterricht im Fach *Musik und Musikerziehung* an der Berufsfachschule für Kinderpflege hat mehrere Aufgaben. Vordringlich und Grundlage für alles andere ist die Freude am musikalischen Tun. Sie gilt es zu ermöglichen und zu entwickeln. Die Schülerinnen sollen Zutrauen zu sich gewinnen, indem sie ihre individuelle Ausdrucksfähigkeit und Kreativität erleben und entfalten. Dabei werden praktische musikalische Fähigkeiten und musikalische Kenntnisse erworben. Das wesentliche Ziel ist es schließlich, dass die Schülerinnen in der Lage sind mit Kindergruppen gemeinsam Musik zu erleben und damit die Persönlichkeitsentwicklung der Kinder unterstützen. Dafür sind didaktische Kenntnisse und methodische Fähigkeiten erforderlich.

Das vorliegende Unterrichtsbuch orientiert sich inhaltlich an dem Lehrplan der Berufsfachschule für Kinderpflege in Bayern und geht in der Strukturierung der Inhalte einen eigenen Weg. Die insgesamt neun Kapitel sind drei Teilen mit unterschiedlichen Ansätzen zugeordnet.

Mit den drei Kapiteln des **Teiles A** (... *wie jeder sofort einsteigen kann*) soll ein handlungs- und erfahrungsbezogener Einstieg ermöglicht werden, der jede Schülerin „ins Spiel bringt". Der Schwerpunkt liegt in der Motivation, sowie in der Auffrischung und Entwicklung von musikalischen Kompetenzen durch praktische musikalische Erfahrung. Aus dem Musikmachen heraus sollen die notwendigen theoretischen Grundlagen geschaffen werden und nicht umgekehrt.

Daher sind erst im **Teil B** (... *was man wissen sollte*) zwei theoretische Kapitel zusammengestellt. Sie dienen der genaueren Erläuterung und dem Nachschlagen von Inhalten, die im Zusammenhang mit den Kapiteln aus Teil A und Teil C erarbeitet werden. Insbesondere für das Kapitel B1 zur Musiklehre ist es wichtig zu bedenken, dass es nicht als theoretischer Lehrgang gedacht ist. Es dient vielmehr als ergänzende Hilfe zu den Spielen und Übungen der Kapitel A2 und A3 sowie zu den Praxisbeispielen der Kapitel C1 und C4.

In **Teil C** (... *wie man mit Kindergruppen arbeiten kann*) geht es schließlich um die konkreten Inhalte und Methoden für die praktische pädagogische Arbeit. Die Kapitel C1 – C3 vermitteln an vielen Beispielen das methodische Handwerkszeug für die zentralen Bereiche Kinderlied, Klanggeschichte und Musikhören. In Kapitel C4 werden diese Themen unter besonderer Schwerpunktsetzung auf die Verbindung von Musik und Bewegung nochmals aufgegriffen und in längeren Beschäftigungseinheiten für die Praxis aufbereitet.

Vorwort

Mein besonderer Dank gilt den beiden Co-Autorinnen **Frau Heidemarie Brückner und Frau Cornelia Zöllner**, die zusammen das **Kapitel C4 *Mit Musik bewegen*** verfasst haben und damit das Buch mit ihren vielfältigen praktischen und bewegten Ideen um einen ganz wichtigen Aspekt bereichern konnten. Sie haben viele Jahre an der Berufsfachschule für Kinderpflege in Ansbach zusammengearbeitet, an der Frau Brückner auch heute noch tätig ist. Frau Zöllner ist heute pädagogische Mitarbeiterin in der Abteilung berufliche Schulen im Bayerischen Staatsministerium für Unterricht und Kultus. Trotz der beruflichen Trennung funktionierte die Zusammenarbeit bestens.

Mein Dank gilt weiterhin meinen Kolleginnen und Kollegen von der Fachakademie für Sozialpädagogik in Aschaffenburg:

Frau Tanja Schmitt-Klapper für ihre entzückenden Zeichnungen,
Herrn Jochen Hock für seine Mitwirkung an Kapitel B1 Musiklehre,
Herrn Hermann Schwind für die befruchtende Diskussion der Unterrichtsinhalte und Methoden sowie für die unterstützende Hilfe bei der praktischen Erprobung.

Ein herzlicher Dank geht ebenfalls an *Herrn Thomas Rose* für die Fotos der elementaren Instrumente sowie an *Frau Christine Eisert* für die Fotos aus ihrer praktischen Arbeit und schließlich an *Frau Corinna Hilger und Herrn Manfred Prange* vom Stam Verlag für die engagierte und verlässliche Zusammenarbeit.

Da die Schüler der Berufsfachschule sowie die Kinderpflegerinnen in der Praxis mit überwältigender Mehrheit weiblich sind, wird in diesem Buch grundsätzlich von der Schülerin und der Kinderpflegerin gesprochen und im Sinne einer besseren Lesbarkeit auf den Zusatz der männlichen Form verzichtet. Ich bitte die Kinderpfleger dafür um Verständnis.

Aschaffenburg im Oktober 2000　　　　　　　　　　　　　　Gerhard Merget

Legende

 Musikbeispiel　　 Methodische Schritte　　 Merksätze

Teil A:

... wie jeder sofort einsteigen kann

1   Mit Klängen experimentieren und gestalten

... und damit sofort einsteigen in das Erleben von Musik. Das Spielen mit Klängen ist vielleicht neu und ungewohnt. Aber es ist die ursprünglichste und elementarste Ebene des musikalischen Spiels. Hier gibt es kein Richtig und kein Falsch. Jeder kann sich ohne irgendwelche Vorkenntnisse sofort einbringen und seine Kreativität entfalten.

Das Spielen mit Klängen enthält mehrere Seiten. Zunächst meint es das Ausprobieren von und das Experimentieren mit Materialien, die Klänge erzeugen. Das Experimentieren schließt das genaue Hinhören auf die selbst produzierten Klänge ein. Gestalten heißt schließlich auch die Klänge in einen Spielablauf zu integrieren. So entstehen Klangbilder und Klangstücke. In der Praxis des Spiels fließen diese Elemente zusammen. In diesem Kapitel steht das eigene Erleben im Vordergrund. Vor allem die Hör-Spiele des zweiten Abschnittes sind jedoch auch in Kindergruppen einsetzbar.

Klangerlebnis

A: Mit Klängen experimentieren und gestalten

1.1 Klangmaterialien und Instrumente

Der Begriff Klang hat sich als Überbegriff für alles Hörbare eingebürgert. Genau genommen sind hier jedoch unterschiedliche Schallereignisse gemeint, nämlich Töne, Klänge im engeren Sinne und Geräusche.

Ein Ton mit genau bestimmbarer Tonhöhe beruht auf einer periodischen Schwingung. Bei jedem Ton eines Musikinstrumentes schwingen aber mehrere Obertöne mit. Dies ergibt eine komplex zusammengesetzte Schwingung, die von Akustikern bereits als Klang bezeichnet wird. Daneben gibt es Klanggemische, deren Schwingungen aus gemischten periodischen Anteilen bestehen, z. B. bei Glocken, Triangel oder Handtrommel. Obwohl solche Klänge deutlich lange nachklingen, sind sie in der Tonhöhe nicht bestimmbar und können nicht nachgesungen werden. Geräusche beruhen auf unperiodischen Schwingungen.

> In der Musikerziehung werden alle Schallereignisse unter dem Begriff Klang zusammengefasst.

Für die Erzeugung von Klängen werden alle möglichen Materialien benutzt. Aber auch die *Stimme* kann nicht nur Sprachlaute, sondern verschiedene Geräusche produzieren. *Gegenstände*, die im Gruppenraum vorhanden sind, können verwendet werden um Klänge zu erzeugen. Da der Klang im Wesentlichen von der Materialbeschaffenheit abhängt, liegt gerade darin eine vielfältige Klangquelle. Aus Alltagsgegenständen können einfachste *selbst gebaute Instrumente* hergestellt werden, die sich häufig für das rhythmische Spiel nicht so gut eignen, aber in Klangexperimenten umso besser verwendet werden können. All diese Klangmaterialien sind Werk- und Spielzeug für das Erfahren von Tönen, Klängen und Geräuschen.

Nichts anderes als Werk- und Spielzeug sollen auch die *vorhandenen elementaren Instrumente* sein. Als **elementar** werden solche Instrumente bezeichnet, die in der Handhabung nicht festgelegt sind und auf denen jeder ohne Vorkenntnisse und Übung Klänge erzeugen kann. Vor allem sind dies die von Carl Orff (1895–1982) entwickelten und in seinen Kompositionen für die Schule (Orff Schulwerk) eingesetzten Instrumente. Sie werden heute mit dem Begriff Orff-Instrumente zusammengefasst. Das Orff-Instrumentarium gliedert sich in das kleine Schlagwerk (= kleine Rhythmusinstrumente), das große Schlagwerk (= größere Fellinstrumente) und Stabspiele (= Melodieinstrumente). In jüngerer Zeit wird das Orff-Instrumentarium jedoch zunehmend durch weitere Rhythmus- und Klanginstrumente ergänzt, die vor allem der lateinamerikanischen und der afrikanischen Folklore entstammen.

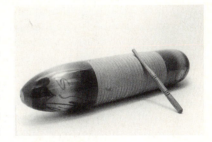

Das Guiro
Als Guiro hab ich Rillen
und bin aus Holz gebaut.
Streicht mich mit einem Stäbchen,
dann kling ich schrill und laut.

A: Mit Klängen experimentieren und gestalten

Elementare Instrumente

Orff-Instrumente	*Kleines Schlagwerk*	• Triangel • Becken • Fingerzymbel • Klangstäbe • Holzblocktrommel • Holzrohrtrommel • Rassel • Schellenkranz • Schellenrassel • Schellenband
	Großes Schlagwerk	• große Trommel • Pauke • Handtrommel • Schellentrommel • Bongos
	Stabspiele	• Xylophon • Metallophon • Glockenspiel
weitere Rhythmus- und Klanginstrumente		• Maracas (Rassel) • Guiro • Cabasa • Vibraslap • Kuhglocke • Conga • Tempelblocks • Flexaton • Oceandrum • Schlitztrommel • Agogo Bell • Wooden Agogo • Rainmaker • Djembe • u. a. m.

Aufgabe **1** Erkunden Sie in Ihrer Praktikumsstelle, welche Instrumente vorhanden sind und ordnen Sie sie den vorgestellten Gruppen zu.

1.2 Hör-Spiele

Hören, Hinhören und die Freude am Hören ist die Grundlage jedes musikalischen Erlebens. In den folgenden Spielen steht das Hören in besonderer Weise im Mittelpunkt. Sie wollen für das genaue Hinhören motivieren, indem Klänge entdeckt, wiedererkannt, verglichen und verändert werden. Sie wollen zeigen, dass Hinhören spannend ist.

A: Mit Klängen experimentieren und gestalten

Klänge um uns

- Natur und Umwelt erzeugen eine Vielzahl von Klängen, die wir in der Regel nicht bewusst wahrnehmen. Das verändert sich, wenn man die Augen für etwa eine Minute schließt und sich auf die Klänge konzentriert. Dies kann im Raum bei geöffnetem Fenster, auf der Straße, im Wald oder an anderen Orten ausprobiert werden. Im anschließenden Besprechen der Höreindrücke kann die Zeit nochmals bewusst erlebt werden.

- Ebenfalls können Natur- und Umweltklänge von einer Gruppe auf Kassette aufgenommen und beim Vorspielen von einer anderen Gruppe erraten werden. Sind die Klänge im näheren Umfeld aufgenommen worden, so können auch die Orte erraten werden.

Klänge im Raum

- Wände, Boden und Einrichtung eines Raumes können durch Anschlagen mit unterschiedlichen Schlägeln oder anderen Gegenständen zum Klingen gebracht werden. Jeder Spieler geht an eine beliebige Stelle im Raum und klopft diese ab, um einen wieder erkennbaren Klang zu finden. Dann findet sich die Gruppe in der Raummitte und schließt die Augen. Ein Spieler stellt seinen Klang vor und bestimmt einen anderen, der ihn nachmachen soll usw.

- Wie hell oder dunkel klingen die Raumstellen? Dazu verteilen sich die Spieler wieder im Raum und entscheiden sich für eine Klangquelle. Zuerst spielen alle, die ihren Klang für eher dunkel halten, dann diejenigen, die eher helle Klänge erzeugen. Für eine genauere Einstufung kann man so vorgehen: Alle spielen gleichzeitig. Es hört immer der Spieler auf, der den hellsten Klang spielt.

  Die gleichen Experimente kann man mit der Differenzierung in leise und laute Klänge durchführen. Natürlich besteht der Sinn nicht darin, eine eindeutige Zuordnung zu treffen. Hier gibt es kein Richtig und Falsch. Es geht darum aufmerksam auf kleine Unterschiede zu werden und zu erleben, wie diese Unterschiede auf die Hörer wirken.

- Mit diesen Raumklängen kann ein Klangspaziergang durchgeführt werden. Alle schließen die Augen. Ein Spieler geht durch den Raum und erzeugt dabei verschiedene Raumklänge. Ein anderer versucht den Weg mithilfe der Gruppe nachzugehen und die gehörten Klänge zu wiederholen.

Klänge mit alltäglichen Gegenständen und Materialien

- Es werden mehrere Gegenstände gesammelt, die im Raum vorhanden sind. Beim Fallen auf den Boden erzeugen die Gegenstände verschiedene Klänge. Die Aufgabe besteht nun darin, die Gegenstände mit geschlossenen Augen am Klang zu erkennen.

- Mit dem gleichen Material können verschiedene Klänge entstehen. Alle haben z. B. ein Blatt Papier in der Hand. Ein Spieler erzeugt damit einen beliebigen Klang, während die anderen mit geschlossenen Augen zuhören und versuchen den Klang zu imitieren.

A: Mit Klängen experimentieren und gestalten

- Mit leeren Dosen und verschiedenen Füllmaterialien kann ein Klangmemory hergestellt werden. Dabei werden immer zwei Dosen mit dem gleichen Material und gleicher Menge gefüllt, sodass sich beim Schütteln der gleiche Klang ergibt. Schon das Herstellen des Klangmemorys ist eine spannende Aufgabe. Der weitere Verlauf des Spiels entspricht dem bekannten Bildermemory, erfordert jedoch noch höhere Konzentration. Daher sollten nicht mehr als fünf bis zehn Paare am Spiel beteiligt sein.

Klänge der elementaren und selbst gebauten Instrumente

Kinder mit Klangstöcken

Elementare Instrumente müssen nicht erklärt werden, bevor man sie benutzt. Sie bieten nicht nur eine Art der Handhabung, sondern können auf verschiedene Weise zum Klingen gebracht werden. Sie haben Aufforderungscharakter und erklären sich selbst, wenn man mit ihnen experimentiert und spielt. Dies gilt für Erwachsene ebenso wie für Kinder.

- Es liegen möglichst viele verschiedene Instrumente in der Kreismitte. Die Gruppe schließt die Augen. Ein Spieler spielt ein Instrument an und bestimmt einen anderen, der den Klang wiederholen soll. – Für dieses Spiel ist es nicht erforderlich den Klang der Instrumente zu kennen. Es ist vielmehr spannender wirklich zu raten, von welchem Instrument der Klang sein könnte.

- Jeder nimmt sich ein Instrument und versucht zwei verschiedene Klänge darauf zu finden. Die Klänge werden reihum vorgestellt.

- Um helle und dunkle Klänge zu unterscheiden kann man genauso vorgehen wie bei den Raumklängen. Zuerst spielen alle hellen Instrumente, dann die dunklen. Oder es beginnen alle gleichzeitig und das hellste Instrument hört auf.

A: Mit Klängen experimentieren und gestalten

- Alle spielen gleichzeitig und gehen dabei im Raum. Sie sollen sich zu drei oder vier Gruppen mit ähnlich klingenden Instrumenten zusammenfinden. Anschließend wird besprochen, was die Ähnlichkeit von Klängen verursacht.

- Eine Gruppe mit ähnlich klingenden Instrumenten spielt ununterbrochen. Ein Spieler streut in dieses Klangfeld einzelne Klänge mit anderen Instrumenten ein. Der Rest der Gruppe hört mit geschlossenen Augen zu und zählt, wie oft andere Instrumente zu hören sind. Am Ende überlegt diese Gruppe gemeinsam, welche Instrumente beteiligt waren.

- Die Instrumente werden im Raum so ausgelegt, dass eine Klangstraße entsteht. Für die Reihenfolge der Instrumente in der Straße können bestimmte Kriterien von der Gruppe festgelegt werden, z. B. von dunkel nach hell, von laut nach leise oder nach der Ähnlichkeit des Klangs sortiert.

- Auch für das Spielen auf der Klangstraße können Regeln festgelegt werden. Z. B.: Zwei Spieler befinden sich in der Straße. Sie spielen mit jedem Instrument beliebig lange und bewegen sich in entgegengesetzter Richtung. Die Zuhörer aus dem Kreis können jederzeit einen Spieler abklatschen und an seine Stelle treten.

Das Vibraslap
*Ein Vibraslap hat Zähne,
die schlafen gut versteckt.
Doch haust du auf die Kugel drauf,
dann hast du sie geweckt.*

- Es spielen wieder alle gleichzeitig und bilden während des Spielens Gruppen. Wer beim Spielen die gleiche Bewegungsart macht um einen Klang zu erzeugen, soll sich in einer Gruppe zusammenfinden. Die Hauptaktionsarten sind Schlagen, Reiben, Zupfen, Schütteln, Blasen.

- Die meisten Instrumente haben eine dieser Aktionsarten als Schwerpunkt. Jeder probiert auf seinem Instrument alle anderen Aktionsarten aus. Die Ergebnisse werden reihum vorgestellt.

- Wechselspiel mit zwei Aktionsarten: Die Gruppe teilt sich in zwei Hälften mit jeweils ähnlich klingenden Instrumenten, beispielsweise Fellinstrumente in der einen Hälfte und Holzinstrumente in der anderen. Die Fellgruppe beginnt mit Reiben, die Holzgruppe mit Schlagen. Sobald ein Spieler aus der Fellgruppe zum Schlagen wechselt, müssen alle Spieler seiner Gruppe ihm folgen. Die andere Gruppe wechselt entgegen. Die Phasen des Wechsels können ruhig etwas dauern, gehen aber nach einiger Übung problemlos. Das Spiel ist am spannendsten, wenn es mit geschlossenen Augen durchgeführt wird. Dabei hört jeder Spieler zu einem selbst gewählten Zeitpunkt auf, hält aber die Augen geschlossen, bis die Letzten verstummen.

A: Mit Klängen experimentieren und gestalten

Aufgaben

1. Nehmen Sie alleine oder in Kleingruppen Umwelt- und Naturklänge mit einem Kassettenrecorder auf. Spielen Sie Ihre Aufnahmen der Klasse vor und lassen Sie raten, um welche Klänge es sich handelt.
2. Fertigen Sie als Hausarbeit ein einfaches selbst gebautes Instrument an. Besorgen Sie sich evtl. dazu Bastelanleitungen in Werk- und Bastelbüchern.
3. Führen Sie die Spiele in Ihrer Lerngruppe durch. Benutzen Sie dabei auch Ihr selbst gebautes Instrument.
4. Entwickeln Sie in Kleingruppen eine weitere Spielidee für das Spielen mit Klängen.
5. Überlegen Sie, welche Spiele in einer Kindergartengruppe eingesetzt werden könnten. Wählen Sie einige aus und erproben Sie sie in Ihrer Praxisstelle.

1.3 Klangbilder

Das Becken
*Als Becken klinge ich so klar,
wie ein heller Stern.
Schlag mich mit einem Schlägel an
und du kannst es hörn.*

Für das Gestalten mit Klängen sind außermusikalische Vorstellungen eine lohnende Grundlage. In der Arbeit mit Kindergruppen erfreuen sich vor allem Klanggeschichten großer Beliebtheit. Hierbei wird die Handlung einer Geschichte mit Instrumenten erzählt. Dies wird im Kapitel C2 „Geschichten mit Instrumenten gestalten" behandelt. In diesem Abschnitt geht es nicht um das überlegte und vorbereitete musikalische Erzählen einer Handlung, sondern um das spontane und unvorbereitete Umsetzen eines gemeinsamen Mottos in Form eines gegebenen Titels. Dafür steht der Begriff Klangbild.

> In einem Klangbild wird ein verabredeter Titel ohne weitere Vorbereitung improvisatorisch in Klänge umgesetzt.

Dies ist am leichtesten, wenn der Titel eine Situation darstellt, die mit vielen Geräuschen und Bewegungen verbunden ist. Beispiele für solche Situationen sind: **Bahnsteig, Hafen, Zirkus, Baustelle, Gewitter.**

Spielregel Klangbild

Zunächst wird ein Titel verabredet. Ohne zu sprechen nimmt sich nun jeder mehrere Instrumente, die ihm für dieses Thema geeignet erscheinen. Ein Spielleiter eröffnet das Klangbild mit einem Beckenschlag. Daraufhin beginnt die Gruppe mit dem spontanen Spiel. Dabei kann jeder Spieler nach Belieben das Instrument wechseln oder auch pausieren und den anderen eine Weile zuhören. Mit einem Beckenschlag wird das Klangbild wieder geschlossen.

A: Mit Klängen experimentieren und gestalten

Nach der Spielphase teilen sich die Spieler mit, was sich die Einzelnen unter ihrem Spiel vorgestellt haben. Daraus können Ideen für eine Erweiterung des Klangbildes gewonnen werden, die dann instrumentell umgesetzt werden. Dies ist aber nicht das vorrangige Ziel. Im Vordergrund steht das spontane Spiel.

Die Überschrift für ein Klangbild kann aber auch mit wenigen oder gar keinen Geräuschen verbunden sein. Hier besteht die Aufgabe darin, die optische Vorstellung und die damit verbundene Stimmung durch Klänge zum Ausdruck zu bringen. Beispiele für solche Überschriften sind: **Sonnenaufgang**, **Blumenwiese**, **Wolkenhimmel**, **es schneit**.

Schließlich ist es möglich, nur eine Stimmung oder ein Gefühl als Titel für ein Klangbild zu verabreden wie z. B. **Freude**, **Trauer**, **Wut**, **Aufregung**, **verliebt sein**.

Wenn in der Gruppe mehrere mögliche Titel für ein Klangbild festgelegt werden, ergibt sich eine weitere Spielmöglichkeit:

Erweiterte Spielregel

Zwei Spieler sind Zuhörer und verlassen zunächst den Raum. Die Gruppe entscheidet sich für einen der vorher festgelegten Titeln. Nach Abschluss des Klangbildes versuchen die Zuhörer den Titel zu erraten ohne sich abzusprechen. Sie geben ebenfalls an, aufgrund welcher Klänge sie zu ihrer Einschätzung gekommen sind.

Das Zuhören und Raten ergibt sowohl für die Zuhörer als auch für die Spieler neue Einsichten. Vor allem die Gründe für die Wahl eines bestimmten Titels melden der Gruppe zurück, wie einheitlich das Spiel gelungen ist, welche Aspekte dominant waren und wie deutlich sie zum Thema in Beziehung gesetzt werden können. Wenn der richtige Titel noch nicht beim ersten Mal gefunden wird, hilft ein neuer Versuch, bei dem die Spieler die Rückmeldungen der Zuhörer berücksichtigen können.

Aufgaben

1. Stellen Sie eine umfassende Liste von möglichen Titeln für Klangbilder zusammen. Ordnen Sie die Titel den drei erläuterten Gruppen zu.
2. Führen Sie die Spielregeln in Ihrer Lerngruppe oder in Kleingruppen durch.
3. Üben Sie das Spielen von Klangbildern auch alleine auf einem beliebigen Instrument zu Hause.

A: Mit Klängen experimentieren und gestalten

1.4 Klangstücke

Klänge und Klangverläufe können auch ohne außermusikalische Vorgaben zu abwechslungsreichen und spannenden Klangstücken zusammengestellt werden.

Ein Klangstück ist eine Zusammenstellung von Klängen und Klangverläufen zu einer musikalischen Gestaltung.

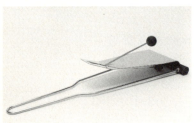

Das Flexaton
Als Flexaton kann ich mich hin und her verbiegen.
Damit kannst du meinen Ton rauf und runter schieben.

Die ordnende Funktion wird hierbei von einem **Spielführer**, einem **Dirigenten** oder von einer **grafischen Notation** übernommen. Wird ein Klangstück von einem Spielführer oder einem Dirigenten gestaltet, so ist es nicht wiederholbar. Denn der Spielführer oder der Dirigent gestalten das Stück improvisatorisch. Aufgabe der Gruppe ist es, seine Gestaltungsabsicht in spontanem Spiel mitzuvollziehen.

Wird Musik aufgeschrieben, so bezeichnet man das als Notation. Der Begriff *grafische Notation* soll verdeutlichen, dass ein Klangstück nicht mit herkömmlichen Noten, sondern mit anderen, neu festzulegenden grafischen Zeichen festgehalten wird. Dies ist erforderlich, weil ein Klangstück nicht aus Melodien und Rhythmen besteht. Durch das Aufschreiben eines Stückes kann die Gestaltung bewusster geplant und reflektiert werden. Für die spielende Gruppe ist das Klangstück im Vorhinein zu übersehen, sodass es wiederholt, geübt und verbessert werden kann.

Klangstücke mit Rhythmusinstrumenten

Jeder Spieler hat ein Rhythmusinstrument. Als Rhythmusinstrument zählt hier jeder Klangerzeuger, mit dem wir keine unterschiedlichen Töne und Melodien spielen können. Die Tonhöhe bleibt also unberücksichtigt. Die musikalischen Eigenschaften, die die Klangstücke bestimmen, sind Lautstärke, Tempo, Klangdauer und Klangfarbe.

Aufgaben und Möglichkeiten eines Spielführers
Ein Spielführer spielt zusammen mit den Musikern. Dabei achten die Musiker genau auf sein Spiel und passen ihre eigene Spielweise entsprechend an. Der Spielführer benutzt am besten ein großes Instrument, auf dem er mit zwei Händen oder Schlägeln spielen kann. Er beschränkt sich in seinem Spiel auf folgende einfache und deutliche Spielweisen, die die Gruppe sofort mit vollziehen kann:

Wirbel: Flüssiges Tempo wie bei einem Trommelwirbel. Das Tempo muss nicht gleich sein. Jeder spielt den Wirbel so schnell, wie er möchte und kann. Der Spielführer verändert nun die *Lautstärke* allmählich oder plötzlich. Die Gruppe kann dies sofort umsetzen.

A: Mit Klängen experimentieren und gestalten

Schläge in gleich bleibendem Tempo: Hier soll das Tempo von jedem in gleicher Weise aufgenommen werden. Wenn der Spielführer nun das *Tempo* allmählich oder plötzlich verändert, wird jeder sofort reagieren können.

Einzelne Schläge: Der Spielführer führt einen einzelnen Schlag so aus, dass ihn die ganze Gruppe gleichzeitig mitspielen kann. Dies ist möglich, wenn die Ausholbewegung deutlich sichtbar ausgeführt wird. Der Spielführer kann damit kurze oder lange *Pausen* zwischen den Schlägen setzen, er kann sogar einfachste rhythmische Motive einbauen. Die Ausholbewegung kann zudem die beabsichtigte *Lautstärke* verdeutlichen. Eine weite, kräftige Bewegung zeigt einen lauten Schlag an, eine kurze, langsamere Bewegung einen leisen Schlag. Die Gruppe ist dabei vollkommen auf den Spielführer konzentriert. Mit einiger Übung kann ein völlig synchrones Spiel gelingen.

Aufgaben und Möglichkeiten eines Dirigenten

Ein Dirigent spielt nicht in der Gruppe der Musiker. Er gibt mit vorher verabredeten Zeichen an, wie gespielt werden soll. Die gleichen Spielweisen können auch durch Dirigierzeichen angezeigt werden:

Wirbel: Die Hände werden parallel vor der Brust gehalten. Für leise Wirbel sind sie nahe beieinander; für lauter werdende Wirbel werden sie auseinander geführt.

Schläge in gleich bleibendem Tempo und Einzelschläge: Will der Dirigent ein bestimmtes Tempo haben, so schlägt er mit der Hand pantomimisch, als ob er eine Trommel spielen würde. Auch die Einzelschläge sowie deren Lautstärke können auf die gleiche Weise angezeigt werden.

Die Conga
Als Conga bin ich groß und rund,
mein Fell ist hart gespannt.
Man schlägt mich mit den Händen an,
dafür bin ich bekannt.

Obwohl die Spielweisen gleich sind, unterscheidet sich das Spiel mit Spielführer von der Anleitung durch einen Dirigenten. Der Dirigent hat keinen eigenen Klang mehr zur Verfügung. Er ist nur auf seine Gesten angewiesen und muss diese besonders deutlich ausführen. Allmählich werden sich seine Gestaltungsabsichten auch auf seine Mimik übertragen. Er ist in seinen Bewegungen flexibler und muss umso mehr aufpassen, dass er die Gruppe nicht überfordert.

Darüber hinaus kann ein Dirigent verschiedene Instrumentengruppen einsetzen lassen. Dies ist zunächst auf ganz einfacher Stufe möglich. Nach Art oder Material werden z. B. drei Gruppen gebildet: Holzinstrumente, Fellinstrumente und Metallinstrumente. Der Dirigent bringt durch Deuten die einzelnen Gruppen ins Spiel. Jede Gruppe spielt, solange der Dirigent auf sie deutet. Die Spielweise jedes einzelnen Spielers ist beliebig.

Schwieriger wird es, wenn mit den verschiedenen Instrumentengruppen die vorher besprochenen Spielweisen kombiniert werden. Der Dirigent wendet sich

A: Mit Klängen experimentieren und gestalten

dabei immer der Gruppe zu, die spielen soll. Jetzt kann er neben den verschiedenen Spielweisen schnelle Wechsel der Instrumentengruppen einbauen.

Spielweisen für die Gestaltung eines Klangstückes mit Rhythmusinstrumenten:
- *Wirbel,*
- *Schläge in bestimmtem Tempo,*
- *einzelne Schläge.*

Ein Dirigent kann dies zusätzlich mit verschiedenen Instrumentengruppen verbinden.

Grafische Notation der Spielweisen

Ebenso wie vorher für das Dirigieren, können nun auch schriftliche Zeichen für die einzelnen Spielweisen eingeführt werden. Solche Zeichen können vorgegeben oder auch mit der Gruppe gemeinsam erarbeitet werden. Als Beispiele sind hier mögliche Zeichen angegeben.

Wirbel mit gleich bleibender Lautstärke	
lauter- und leiser werdende Wirbel	
Einzelschläge mit unterschiedlicher Lautstärke	
Schläge mit zunehmendem Tempo	

Damit können Klangstücke von Einzelnen oder von der ganzen Gruppe zusammengestellt werden.

Beispiel eines Klangstückes

Beim Abspielen der Klangstücke gibt es mehrere Möglichkeiten. Es können alle Zeichen von allen Spielern ausgeführt werden. Es können ebenso einzelne Aktionen auf verschiedene Spieler und Instrumente aufgeteilt werden. Dabei kann das Tempo des Spiels anfangs durch Deuten auf die Notation vorgegeben werden. Nach wiederholtem Üben wird es aber gelingen, dass die Einsätze der einzelnen Klangaktionen von den Spielern selbst bestimmt werden können.

A: Mit Klängen experimentieren und gestalten

Klangstücke mit Melodieinstrumenten

Jeder Spieler hat ein Melodieinstrument. Die Melodieinstrumente, mit denen jeder ohne Vorkenntnisse umgehen kann, sind Orff'sche Stabspiele und die eigene Stimme. Für den Einsatz der Stimme ist die Verwendung eines Kazoos besonders zu empfehlen. Das Kazoo verfremdet die Klangfarbe der Stimme und wirkt zudem wie ein Verstärker. Dadurch steigt der Mut und der Spaß an außergewöhnlichen Stimmäußerungen.

Möglichkeiten für einen Spielführer

Die zur Verfügung stehenden einfachen Spielweisen werden im Hinblick auf Stabspiele erläutert. Eine entsprechende Übertragung auf die Stimme bzw. das Kazoo ist ohne weitere Erklärung möglich.

Wirbel auf Einzeltönen: Das Tempo der Wirbel ist wie bei Rhythmusinstrumenten gleichgültig. Die Gruppe muss nicht genau den Ton treffen, den der Spielführer spielt. Lediglich die ungefähre Tonlage sollte stimmen.

Die Kazoo
Als Kazoo hab ich einen ganz besond'ren Ton. Mit deiner Stimme klinge ich wie ein Saxophon.

Auf- und abwärts gehende Wirbel: Durch das Wirbelspiel kann das auf- und abwärts Gehen so langsam erfolgen, dass die Gruppe gleichzeitig mitspielen kann.

Einzeltöne: Hier sollte man sich auf extreme Tonlagen beschränken: ganz tief – mittel – ganz hoch. Wie zuvor muss die Ausholbewegung die beabsichtigte Lage gut anzeigen.

Glissandospiel[1]: Dies beinhaltet mehrere Varianten. Einmal kann mit dem Schlägel über das ganze Instrument gestrichen werden. Je nach Richtung erhält man ein Aufwärts- oder ein Abwärtsglissando. Ein glissandohaftes Hin- und-her-Wischen in einem engen Tonbereich von etwa drei Tönen ergibt einen unruhig stehenden Klang. Schließlich kann man dieses glissandohafte Wischen auch aufwärts oder abwärts spielen.

Möglichkeiten für einen Dirigenten

Ihm stehen wiederum die gleichen Spielweisen zur Verfügung. Passende Gesten müssen hier nicht mehr im Einzelnen verdeutlicht werden. Um Tonhöhenveränderungen zu zeigen, empfiehlt sich die Orientierung am Stabspiel. Damit die Gruppe die Bewegungen spiegelbildlich umsetzen kann, wird das Abwärtsspielen mit Bewegung nach rechts und Aufwärtsspielen mit Bewegung nach links dargestellt. Für eine Aufteilung von Instrumentengruppen kann nach Xylophonen, Metallophonen, Glockenspielen und Kazoos differenziert werden.

---

[1] *Glissando* bezeichnet das Streichen mit dem Schlägel über die Tonplatten des Stabspiels

A: Mit Klängen experimentieren und gestalten

Spielweisen für die Gestaltung eines Klangstückes mit Melodieinstrumenten:
- Wirbel aus Einzeltönen
- auf- und abwärts gehende Wirbel
- Einzeltöne
- Glissando
- glissandohaftes Wischen: gleich bleibend, aufwärts und abwärts

Auch hier kann ein Dirigent verschiedene Instrumentengruppen einbeziehen.

Grafische Notation der Spielweisen
Hier gibt die Position im Kasten die ungefähre Tonhöhe an.

Wirbel auf verschieden hohen Einzeltönen	
auf- und abwärts gehende Wirbel	
verschieden hohe Einzeltöne	
Glissando auf- und abwärts	
glissandohaftes Wischen in gleich bleibender Höhe	
glissandohaftes Wischen auf- und abwärts	

Beispiel eines Klangstückes

A: Mit Klängen experimentieren und gestalten

Aufgaben

1. Üben Sie die Aufgabe des Spielführers ohne Gruppe, indem Sie aus den beschriebenen Spielweisen alleine einen spannenden Ablauf gestalten und so spielen, dass eine Gruppe gleichzeitig mitspielen könnte.
2. Üben Sie in gleicher Weise die Aufgabe des Dirigenten. Hierbei ist Ihre Klangvorstellung besonders gefragt, da niemand Ihre Absichten umsetzt.
3. Erproben Sie die Spielregeln in Ihrer Lerngruppe.
4. Erklären Sie den Begriff *grafische Notation*.
5. Spielen Sie die aufgezeichneten Klangstücke alleine mit geeigneten Instrumenten.
6. Spielen Sie die Klangstücke mit Ihrer Lerngruppe.
7. Entwickeln Sie in Kleingruppen ein eigenes Klangstück und üben Sie es mit Ihrer Lerngruppe ein.

Literaturhinweise

AUERBACH, L.: Hören lernen – Musik erleben, Möseler Verlag, Wolfenbüttel 1971, S. 14–70.

FRIEDEMANN, L.: Einstiege in neue Klangbereiche durch Gruppenimprovisation, Rote Reihe Nr. 50, Universal Edition, Wien 1973.

FRIEDEMANN, L.: Gemeinsame Improvisation auf Instrumenten, Bärenreiter Verlag, Kassel 1974.

FRIEDEMANN, L.: Trommeln – Tanzen – Tönen, 33 Spiele für große und Kleine, Rote Reihe Nr. 69, Universal Edition, Wien 1983.

HOLTHAUS, K.: Klangdörfer, Fidula Verlag, Boppard 1993.

MERGET, G.: Spiele zur Förderung der Hörfähigkeit, in: Musikpraxis, Arbeitshilfen für Musik in Kindergarten und Grundschule, Nr. 17, Hrsg.: H. Große-Jäger, Fidula Verlag, Boppard 1983.

MERGET, G.: Musizieren mit Klangeigenschaften, in: Musikpraxis Nr. 22, ebd., Boppard 1984.

STORMS, G.: Spiele mit Musik, Diesterweg Verlag, Frankfurt/Main 1984.

WAGNER, H.: Spielen mit Musik, Kap.: Spielideen mit einzelnen musikalischen Elementen, S. 50–67, Verlag Kohlhammer, Köln 1987.

Die Cabasa
*Als Cabasa dreh ich mich
immer hin und her.
Die Perlen hältst du in der Hand,
das ist gar nicht schwer.*

2 Im Rhythmus sprechen und spielen

Die Schellentrommel
Als Schellentrommel könnt ihr mich
schütteln und schlagen,
das ist ganz gleich, ich kann beides
gut vertragen.

... und damit sofort einsteigen in das Erleben von Musik. Das ist das Ziel dieses Kapitels. Wenn Rhythmen mit dem Sprechen von Worten und Texten verbunden werden, so lassen sie sich leichter aufnehmen und behalten. Dies wird in den folgenden Abschnitten ausgehend von kurzen rhythmischen Bausteinen über Versrhythmen bis hin zu längeren Sprechstücken auf vielfache Weise praktiziert. Aber auch ohne Sprachunterstützung ist es möglich, mehrstimmige Rhythmen und Percussions-Arrangements für Vortragsstücke zu erarbeiten. Die Übungen und Spiele sind in erster Linie für das eigene rhythmische Erleben und für die Entwicklung der eigenen rhythmischen Fähigkeiten gedacht. Daneben können sie zum Teil auch für das rhythmische Musizieren mit Kindergruppen verwendet werden.

Auf spielerische Weise werden musikalische Grundlagen erarbeitet, die im Kapitel B 1.1 systematisch dargestellt sind. Dabei wird davon ausgegangen, dass die Schülerinnen aus ihrem bisherigen Musikunterricht unterschiedliche Vorerfahrungen mit Noten und Rhythmen mitbringen. Es wird jedoch nicht erwartet, dass sie Noten lesen können. Die einzelnen Beispiele sollen von der Lehrkraft vorgespielt und über das Hören vermittelt werden. In diesem Erarbeitungsprozess wird auch das Lesen der Rhythmen geübt und gefestigt. Zur genaueren Erklärung dient Kapitel B1. Zum Üben mit Spaß regen die folgenden Beispiele an.

2.1 Rhythmische Bausteine

Rhythmische Bausteine sind kleine rhythmische Motive von der Dauer eines 2/4 Taktes.

Die rhytmischen Bausteine im 2/4 Takt lassen sich leicht aus den Eigennamen ableiten. Wenn man die Vornamen in gleich bleibendem Rhythmus wiederholt spricht und dazu klatscht, können sich die folgenden Rhythmen ergeben:

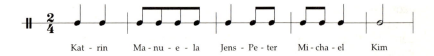

A: Im Rhythmus sprechen und spielen

Die gleichen Rhythmen lassen sich auch mit den Namen der elementaren Instrumente (vgl. Kap. A 1.1) erzielen, z. B.

Mit diesen rhythmischen Bausteinen können in jeder beliebigen Gruppe bereits eine ganze Reihe von Spielen durchgeführt werden, die neben dem Rhythmusgefühl auch Mut, Spontaneität und Spielfreude fördern. In den Spielen werden Rhythmusinstrumente oder Klanggesten verwendet.

Klanggesten sind:
Klatschen – Patschen[1] – Stampfen – Schnipsen.

Spiele mit rhythmischen Bausteinen

Dem Spielführer folgen
Ein Spieler ist Spielführer. Er spricht und klatscht ein Motiv vor und wiederholt es ständig. Die Gruppe fällt mit ein. Sobald der Spielführer das Motiv wechselt, muss die Gruppe nachziehen. Im Verlauf des Spieles werden die Worte weggelassen und die anderen Klanggesten einbezogen.

Echospiel
Jeder wählt sich zwei rhythmische Bausteine aus und übt sie auf seinem Rhythmusinstrument zusammenhängend zu spielen. Reihum spielt nun jeder seinen Rhythmus vor. Die Gruppe wiederholt sofort als Echo. Ziel des Spiels ist, dass zwischen Vorspiel und Echo keine Pause entsteht, sondern ein rhythmischer Fluss. Anfangs können Modellnamen zu den Rhythmen gesprochen werden.

Die Rasseln
Als Rasseln oder Maracas
sind wir oft ein Paar.
Die eine tief, die andre hoch,
klingen wir wunderbar.

Der Rhythmus wandert
Ein Spieler schickt einen Rhythmusbaustein auf die Reise, indem er ihn so lange wiederholt, bis sein Nachbar eingestiegen ist. Dieser gibt den Rhythmus wiederum an seinen Nachbarn weiter und so fort.
Schwieriger wird es, wenn der Rhythmus nicht der Reihe nach, sondern nach Blickkontakt und Zunicken weitergegeben wird.

Rhythmuskette
Jeder hat ein Rhythmusinstrument. Reihum spielt und spricht jeder den Rhythmus seines Instrumentennamens einmal. Dabei sollen keine Pausen entstehen, damit der rhythmische Fluss fortgeführt werden kann. Allmählich werden die Worte weggelassen und die „Namen" erklingen nur noch als Rhythmuskette.

---

[1] Mit den Händen auf die Oberschenkel klatschen.

A: Im Rhythmus sprechen und spielen

Dirigierspiel
Die Gruppe teilt sich nach Rhythmusmotiven in Kleingruppen auf. Jede Kleingruppe benutzt eine andere Klanggeste oder ein anderes Rhythmusinstrument. Ein Gruppenmitglied ist Dirigent. Er deutet auf die Gruppe, die spielen soll. Sie wiederholt daraufhin ihren Rhythmus, solange der Dirigent auf sie deutet. Der Dirigent kann auch mit beiden Armen zwei Gruppen gleichzeitig ins Spiel bringen.

Auf- und Abbau
Kleingruppen zu 2–5 Personen setzen nacheinander mit ihrem Rhythmus ein, bis alle zusammen spielen. Dann steigen sie in der gleichen Reihenfolge wieder aus. Der Einsatzabstand der Gruppen sollte gleich sein. Am besten spielt jede Gruppe ihr Motiv viermal, bevor die nächste einsetzt.

Stehlspiel
Zunächst spielen alle Gruppen gleichzeitig ihre jeweiligen Rhythmen. Ein zum Dieb bestimmter Spieler spielt mit einem in der Gruppe nicht verwendeten Instrument den Rhythmus einer Gruppe mit. Das ist das Signal für diese Gruppe aufzuhören: Ihr Rhythmus wurde gestohlen. Sobald der Dieb still ist oder den Rhythmus einer anderen Gruppe übernimmt, setzt diese Gruppe wieder ein.

Das Tamburin
Mit meinen vielen Schellen
und dem Plastikring
bin ich für jede Rhythmusband
das helle Tamburin.

Rondospiel
Das Rondo ist eine geordnete Form für das Gruppenmusizieren, die häufige Anwendung findet. Es besteht aus einem Thema (= A), das als Tutti-Teil (tutti, ital. = alle) gespielt wird. Dieses Thema wechselt sich mit Zwischenspielen (= B, C, D usw.) ab, bei denen einzelne Spieler mit einer bestimmten Aufgabe solistisch hervortreten. Es entsteht die Form ABACADA ...

Thema (Tutti-Teil):

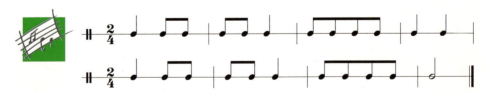

Das Thema kann von allen gemeinsam oder taktweise von vier Instrumentengruppen abwechselnd gespielt werden.

Zwischenspiele
Der Solist spielt acht Mal den Namen seines Instrumentes. Dabei ist es günstig, wenn die Gruppe mit Stampfen in Vierteln begleitet.

A: Im Rhythmus sprechen und spielen

Thema und Soloteile wechseln sich so lange ab, bis alle Solisten an der Reihe waren. Das Ende bildet immer eine Wiederholung des Themas.

Aufgaben

1. Versuchen Sie die Vornamen Ihrer Klasse den rhythmischen Bausteinen zuzuordnen.
2. Ordnen Sie weitere Instrumentennamen den rhythmischen Bausteinen zu.
3. Führen Sie die Spiele in Ihrer Klasse durch.
4. Entwickeln Sie in Kleingruppen für ein Rondospiel ein achttaktiges Thema und eine Soloaufgabe für die Zwischenteile. Führen Sie das Rondospiel mit der Gruppe durch.

2.2 Verse

Die hier verwendeten Verse haben drei Merkmale. Sie sind erstens kurz, zweitens gereimt und besitzen zum Dritten einen Sprachrhythmus. Damit bilden sie für das rhythmische Sprechen und Spielen mit Instrumenten eine ideale Grundlage:

*Wir sind die Instrumente,
ihr könnt uns alle sehn,
wir zeigen euch, wie man uns spielt,
das könnt ihr leicht verstehn.*

Die Bongos
*Als Bongos sind wir zwei,
wir klingen tief und hell.
Schlagt ihr uns mit den Händen an,
dann merkt ihr das ganz schnell.*

Beim rhythmischen Sprechen des Verses sollte für jede Textzeile die gleiche Anzahl von Takten verwendet werden. Im obigen Beispiel erhält jede Zeile zwei 4/4 Takte. Die betonten Silben bilden die Taktanfänge. Beginnt ein Vers mit einer unbetonten Silbe, dann steht zu Beginn ein unvollständiger Takt, ein so genannter Auftakt. Damit ergibt sich folgender Rhythmus:

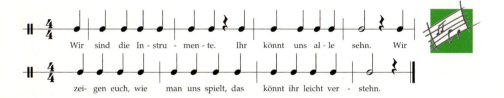

Auf diese Weise können alle unten stehenden Instrumentenverse rhythmisiert werden.

Die folgenden rhythmischen Aufgaben können einzeln ausgeführt oder in einem Versarrangement miteinander kombiniert werden.

A: Im Rhythmus sprechen und spielen

Für das rhythmische Spielen gibt es mehrere Möglichkeiten:
- Den Vers im Sprachrhythmus mit Klanggesten oder Rhythmusinstrumenten von allen in gleicher Weise spielen.
- Die Verszeilen mit verschiedenen Klanggesten spielen.
- Die Gruppe in zwei Instrumentengruppen teilen, und die Verszeilen abwechselnd spielen.
- Den Vers in durchlaufenden Viertelnoten oder in Halbenoten begleiten.
- Schwieriger ist es, den Vers mit einem Ostinato, d.h., mit einem ständig wiederholten rhythmischen Motiv zu begleiten. Das Motiv bildet man am besten mit einem rhythmischen Baustein, z. B. aus einem Wort des Verses. Hier bietet sich der Rhythmus des Wortes „Instrument" an.
- Die Pausen des Verses können mit einem Schlag oder mit rhythmischen Bausteinen ausgefüllt werden.

Versarrangement

A: Im Rhythmus sprechen und spielen

Mit den Versrhythmen kann nun ein längeres Rondospiel gestaltet werden.

Instrumenten-Rondo
Jeder Spieler in der Gruppe hat ein anderes Rhythmusinstrument und den dazugehörigen Vers geübt.

Thema bzw. Tutti-Teil:
Der Vorstellungsvers „Wir sind die ..." wird gemeinsam gestaltet, wie im Arrangement angegeben. Dabei können alle oder nur ein Teil der Vorschläge umgesetzt werden.

Zwischenspiele:
Jeder Spieler spricht zunächst seinen Vers und spielt dann den Versrhythmus mit seinem Instrument. Dabei kann die Gruppe leise in Viertel- oder Halbenoten begleiten.

Ablauf:
Thema und Zwischenspiele wechseln sich so lange ab, bis alle an der Reihe waren.

Instrumentenverse

Die Klangstäbe
Als Klangstäbe gleicht unser Klang
einem harten Kern.
Schlag uns aufeinander,
dann kannst du es hörn.

Die Holzrohrtrommel
Als Holzrohrtrommel fasst du mich
in der Mitte an.
Schlag rechts mal drauf und links mal drauf,
dann siehst du, was ich kann.

Die Tempelblocks
Ein Tempelblock ist nie allein,
Freunde sind stets dabei.
Je kleiner, desto höher wirds,
jeder kommt an die Reih'.

A: Im Rhythmus sprechen und spielen

Die Fingercymbel
Als Fingercymbeln haben wir
einen hellen Klang.
Man schlägt uns aufeinander,
unser Ton hält ziemlich lang.

Die Kastagnetten
Als Kastagnetten klingen wir
wie eine Klapperschlange.
Wenn ihr uns tüchtig schüttelt,
dann klappern wir ganz lange.

Die Pauke
Als Pauke bin ich ganz schön groß,
mein Kessel ist aus Holz.
Ich habe einen warmen Ton
und darauf bin ich stolz.

Aufgaben

1. Wählen Sie einige der oben aufgeführten oder der in diesem Buch verteilten Instrumentenverse aus und notieren Sie die Versrhythmen.
2. Führen Sie das vorgeschlagene Rondospiel in Ihrer Klasse durch.
3. Entwickeln Sie in Kleingruppen ein Rondospiel zu einem Instrumentenvers als Thema. Üben Sie den Spielablauf und führen Sie das Rondo der Klasse vor.
4. Notieren Sie den Sprachrhythmus zu folgendem Vers:
   Schneck im Haus, Schneck im Haus,
   strecke deine Hörner aus.
5. Suchen Sie weitere Kinderverse, die sich für das rhythmische Spielen eignen.
6. Wählen Sie in Kleingruppen einen Kindervers und gestalten Sie ihn mit verschiedenen rhythmischen Aufgaben.

A: Im Rhythmus sprechen und spielen

2.3 Rhythmische Sprechstücke

In rhythmischen Sprechstücken ist jeder zu spielende Rhythmus mit einem Text verbunden. Es besteht jedoch häufig keine Bindung an ein Reimschema oder eine andere vorgegebene Form. Die Stücke können nur durch Sprechen, mit Sprache und Instrumenten oder nur mit Instrumenten vorgetragen werden.

Strickmuster

Aus: Heinz Benker: Mit Auftakt hebt die Sache an, Verlag Max Hieber, München 1985, gekürzte Fassung

1 Spielen Sie das Sprechstück „Strickmuster" und probieren Sie dabei verschiedene Varianten aus:
- mit zwei Gruppen in zweitaktigem Abstand abwechselnd sprechen,
- mit zwei Instrumentengruppen in zweitaktigem Abstand abwechselnd spielen,
- mit einer Sprechgruppe und einer Instrumentengruppe im Kanon in viertaktigem Abstand.

2 Komponieren Sie eigene Sprechstücke in Kleingruppen. Als Themen können Sie alltägliche Tätigkeiten auswählen, z. B. „Kuchen backen", „Reifenwechsel" usw.

Aufgaben

A: Im Rhythmus sprechen und spielen

Die Handtrommel
Als Handtrommel spielt ihr mich
am besten mit der Hand.
Der Schlägel kommt nur selten dran,
jetzt ist es euch bekannt.

In den letzten Jahren erlangte eine Form des rhythmischen Sprechgesangs große Popularität, die aus der Jugendkultur der New Yorker Bronx stammt: der Rap. Hier wird der Text zu einem meist schnellen Beat in atemberaubendem Tempo gesprochen. Im Jahr 1996 wurde die „Sendung mit der Maus" 25 Jahre alt. Anlässlich dieses Jubiläums brachte Stefan Raab den Titel „Hier kommt die Maus" heraus, mit dem er mehrere Wochen lang unter den ersten zehn Plätzen der deutschen Hitparade rangierte.

Hier kommt die Maus

T. u. M.: Hans Posgga, Stefan Raab, Lars Dietrich, Roof Groove Musikverlag Stefan Raab, 1996

Ich erzähl euch die Geschichte von einer, die ihr kennt.
Sie lebt in der Glotze auf weißem Pergament.
Sie ist orange und größer als ein kleiner Elefant,
und schon das ganz allein macht die Sache interessant.
Habt ihr sie erkannt, wisst ihr, wen ich meine?
Lang ist die Nase und kurz sind die Beine.
Sie ist ein Star, sie hat den Bogen raus.
Meine Damen und Herren: Hier kommt die Maus!

Refrain

Sie weiß Bescheid die Maus, die kleine süße Maus.
Wie kommt der Saft in die Tüte und wie kommt er wieder raus?
Warum hat der Käse Löcher und der Käsekuchen nicht?
Und warum brennt auch nachts im Kühlschrank das Licht?
Wie kommt die Wurst in die Pelle und wo kommt die Pelle her?
Und warum mag die kleine Maus den Elefanten so sehr?
Die Antwort bekommst du direkt zu dir nach Haus.
Mach die Glotze an, denn hier kommt die Maus!

Refrain

Hey, ihr werdet es nicht glauben, doch ich habe es geseh'n,
wie die Maus und ihre Freunde sich im Kreis dreh'n.
Käpt'n Blaubär steht am Mikrofon, die Maus bläst den Kamm,
der Elefant tütet mit dem Rüssel wie er kann.
Dann tobt die ganze Bude, alle hüpfen in die Höh'.
Der Maulwurf, der Eisbär, und rufen laut: O.K.!
Hein Blöd auf der Bühne bittet um Applaus.
Meine Damen und Herren: Hier kommt die Maus!

A: Im Rhythmus sprechen und spielen

Refrain

Die Party geht ab, alle wippen wie verrückt.
Hein Blöd, Käpt'n Baubär und die andern sind entzückt.
Die Maus nagt zufrieden an einem Stückchen Käse.
Hein Blöd und die Jungs machen eine Polonaise.
Die kleine gelbe Ente watschelt lustig durch den Saal,
von vorne nach hinten und das Ganze noch einmal.
Der Elefant tütet noch mal einen aus dem Rüssel raus.
Danke schön: Hier kommt die Maus!

Nach jeder Strophe folgt ein Refrain. Im Original liegt unter den Strophen eine harmonische Begleitung und der Refrain ist eine variierte Fassung der Titelmelodie der Fernsehsendung. Strophen und Refrain können jedoch genauso gut rein rhythmisch gestaltet werden. Der Refrain ist in der hier vorgeschlagenen Fassung ein mehrstimmiger viertaktiger Sprechrhythmus, der gesprochen und mit Instrumenten gespielt werden kann. Der ganze Rhythmus oder einzelne Stimmen können auch als rhythmische Begleitung der Strophen dienen.

ARD/WDR   Die Sendung mit der Maus – Stefan Raab singt „Hier kommt die Maus"

A: Im Rhythmus sprechen und spielen

Refrain: Hier kommt die Maus

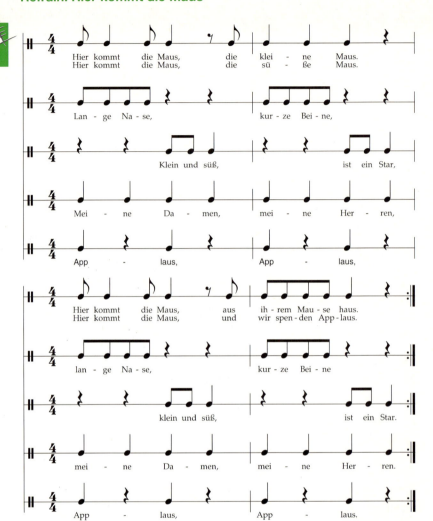

Gestaltung der Strophen

Eine Notierung des Sprechrhythmus ist ebenso wenig erforderlich wie eine exakte Übereinstimmung mit der Sprechweise von Raab. Der Sprechrhythmus soll vielmehr spontan und vom rhythmischen Gefühl her erarbeitet werden. Dabei ist Folgendes wichtig:

- Jede Strophenzeile erhält die Länge von zwei 4/4 Takten. Einige Strophenzeilen beginnen auftaktig, d.h. nicht am Taktanfang.
- Das Tempo des Refrains auch in den Strophen einhalten.
- Zur Begleitung wird in Halbenoten gestampft und in Vierteln gepatscht. Zusätzlich können die Rhythmen des Refrains auf Instrumente übertragen werden.

A: Im Rhythmus sprechen und spielen

Aufgaben

1. Üben Sie den Refrain.
2. Bilden Sie vier Gruppen. Jede Gruppe gestaltet eine Strophe. Sie können den Text alle gemeinsam sprechen oder auf die Gruppenmitglieder aufteilen.
3. Spielen Sie den gesamten Ablauf mit allen Strophen und den dazwischenliegenden Refrains. Die Begleitung der Strophen kann nun von allen unterstützt werden.

2.4 Percussions-Arrangements

Die Erarbeitung eines mehrstimmigen Percussionsstückes[1] ergibt neben der rhythmischen Übung auch eine attraktive Vortragsmöglichkeit für Schulfeiern und andere Gelegenheiten. Es ist möglich ein Percussions-Arrangement voll und ganz aus dem rhythmischen Material eines zweitaktigen Basis-Patterns zu entwickeln.

> *Ein Pattern (engl. Muster) ist in der Popmusik allgemein ein kurzes rhythmisches oder melodisches Begleitmotiv, das ständig wiederholt wird. Ein Basispattern für ein Percussionsstück ist ein mehrstimmiger Grundrhythmus, in den jedes beteiligte Instrument mit seiner eigenen Stimme eingebaut ist.*

Beispiel für ein Basispattern

---

[1] Der Begriff *Percussion* (engl. Schlag) steht für das Spielen mit Rhythmusinstrumenten. Ein Percussions-Arrangement ist ein Rhythmusstück für mehrere Instrumente.

A: Im Rhythmus sprechen und spielen

Es empfiehlt sich für die Erarbeitung des Patterns zunächst jede Stimme unisono (= einstimmig von allen) zu üben. Allmählich können sich dann immer mehr Instrumentengruppen aufteilen, bis jede Stimme vertreten ist. Die Stimme für Drums wird in der Regel auf zwei Spieler aufgeteilt. Einer übernimmt die nach unten gestrichenen Noten für Bass-Drum und Snare-Drum, der andere die nach oben gestrichenen Kreuznoten für die Hihat. Mit dem vollständigen Pattern können nun vielfältige Übungen gestaltet werden:

- Auf- und Abbau: Jede Stimme setzt im Abstand von vier Takten ein, bis das vollständige Pattern steht. Anschließend wird wieder im viertaktigen Abstand abgebaut.
- Wechsel Gesamtpattern – Einzelstimme: Nach vier Takten Gesamtpattern folgt vier Takte lang nur die erste Stimme. Nach wiederum vier Takten Gesamtpattern setzt die zweite Stimme ein usw.
- Wechsel von zwei Hälften: Das Gesamtpattern wird in zwei Instrumentengruppen aufgeteilt. Die beiden Gruppen wechseln in zwei-, vier- oder achttaktigem Abstand.
- Frage – Antwortspiel zwischen zwei Instrumentengruppen: Die eine Gruppe spielt ihren zweitaktigen Rhythmus als Frage, die andere Gruppe antwortet mit ihrem Rhythmus. Das Ganze mehrmals wiederholen!
- Frage – Antwortspiel zwischen Solist und Ensemble: Das Ensemble spielt zwei Takte Pattern als Frage, der Solist antwortet mit seinem Rhythmus oder er improvisiert zwei Takte.
- Frage – Antwortspiel zwischen zwei Solisten: Ein Solist spielt seinen Rhythmus als Frage, der andere antwortet mit seinem Rhythmus oder er improvisiert eine Antwort.
- Solo über Pattern: Das von allen leise gespielte Pattern begleitet ein beliebig langes Solo.
- Pattern und Break: Alle spielen sechs Takte Pattern. Auf den siebten und achten Takt improvisiert jeder einen freien Rhythmus um danach rechtzeitig wieder mit dem Pattern zu beginnen. Nach der ersten Übung werden die Breakrhythmen im siebten und achten Takt reihum solistisch gespielt.
- Pattern und Unisonorhythmus: Aus den Elementen des Patterns wird ein vier- oder achttaktiger Unisonorhythmus gebildet. Pattern und Unisonorhythmus wechseln nun regelmäßig ab.

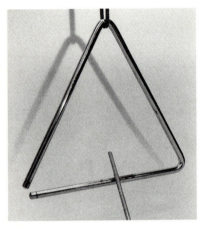

Die Triangel
Als Triangel zeig ich euch,
was ich alles kann.
Mein Ton ist hell und wunderschön
und er klingt ganz lang.

A: Im Rhythmus sprechen und spielen

Aus solchen Übungen kann leicht ein Arrangement für ein Vortragsstück entwickelt werden.

Dazu dient ein Unisonorhythmus quasi als Thema des Arrangements. Ein Thema für das obige Basispattern könnte aus den Stimmen für Cowbell und Claves gebildet werden.

Die Holzblocktrommel
*Als Holzblocktrommel bin ich ganz aus Holz gebaut.
Schlag mich mit dem Schlägel an, dann erkling ich hart und laut.*

Unisonorhythmus als Thema

Aus diesen Elementen kann z. B. folgender Ablauf für ein Percussionsstück gestaltet werden:

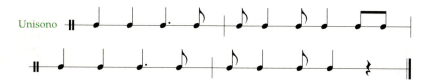

Ablauf für ein Percussionsstück

Teil	Inhalt	Taktanzahl
1	Unisonorhythmus 2x	8
2	Aufbau der Stimmen in viertaktigem Einsatzabstand	28
3	Dreimaliger Wechsel von Unisonorhythmus (4 Takte) und Basispattern (4 Takte)	24
4	Wechsel von Einzelstimmen (4 Takte) und Basispattern (4 Takte). Dabei spielen die Drums als Begleitung durchgehend.	48
5	Basispattern	8
6	Frage – Antwortspiel zwischen Cowbell und Claves 2x	8
7	Basispattern	8
8	Frage – Antwortspiel zwischen Triangel und Tamburin	8
9	Basispattern	8
10	Abbau der Stimmen in viertaktigem Einsatzabstand	28
11	Unisonorhythmus	4

A: Im Rhythmus sprechen und spielen

Aufgaben

1. Erarbeiten Sie das Basispattern und den Unisonorhythmus mit Ihrer Lerngruppe unter Anleitung der Lehrkraft.
2. Erproben Sie den vorgeschlagenen Ablauf für ein Percussionsstück. Bauen Sie evtl. andere Teile ein und diskutieren Sie die Reihenfolge.
3. Entwickeln Sie in Kleingruppen aus den Rhythmen des Basis-Patterns einen anderen Unisonorhythmus von vier Takten.
4. Entwickeln Sie in Kleingruppen ein anderes vierstimmiges Basis-Pattern ohne Noten und spielen Sie es Ihrer Lerngruppe vor.
5. Gestalten Sie daraus ein Arrangement für ein Vortragsstück.

Literaturhinweise

BENKER, H.: Mit Auftakt hebt die Sache an, Verlag Max Hieber, München 1985.

KELLER, W.: Ludi Mucici Band 1, Fidula Verlag, Boppard 1970.

MERGET, G.: Rhythmisches Musizieren mit Instrumentennamen, in: H. Grosse-Jäger: Musikpraxis Heft Nr. 30, Fidula Verlag, Boppard 1986.

MERGET, G., HOCK, J. : Percussion – Patterns & Pieces, Stücke für Percussiongruppen, Heft A und B, Fidula Verlag, Boppard 1996.

3 Mit Stabspielen und anderen Instrumenten musizieren

... und damit sofort einsteigen in das Erleben von Musik. Als Stabspiele bezeichnet man zusammenfassend die Orff'schen Melodieinstrumente Xylophon, Metallophon und Glockenspiel. Das Stabspiel ist das einfachste Melodieinstrument unseres Kulturkreises. Es ist daher für die praktische Arbeit in Kindergruppen ebenso geeignet wie für den Einstieg in das melodische Musizieren in der Ausbildung. Ebenso wie in Kapitel A2 werden hier auf spielerische Weise musikalische Grundlagen erarbeitet, die in Kapitel B1 systematisch dargestellt sind. Dabei wird berücksichtigt, dass die Schülerinnen aus ihrem bisherigen Musikunterricht unterschiedliche Vorerfahrungen mit Noten, Melodien und Akkorden mitbringen. Es wird jedoch nicht erwartet, dass sie Melodien und Akkorde nach Noten spielen können. Die einzelnen Beispiele sollen auch hier von der Lehrkraft vorgespielt und über das Hören vermittelt werden. Dadurch steht die Spielfreude und das musikalische Erleben im Vordergrund. Ebenso wird jedoch der Umgang mit Noten erfahren, geübt und gefestigt. Kapitel B1 dient der vertiefenden Erklärung von Notennamen, Tonleitern und Akkorden.

Das Xylophon
Als Xylophon hab ich Stäbe aus ganz hartem Holz. Auf mir sind alle Töne und darauf bin ich stolz.

3.1 Pentatonik

Heu-te ma-chen wir Mu-sik, al-le, die hier sind, spie-len mit.
Je-der spielt so gut er kann, ei-ner kommt nach dem an-dern dran.

Die pentatonische Tonleiter

In der obigen Liedmelodie werden nur fünf Töne aus der C-Dur-Tonleiter verwendet: c,d,e,g und a. Der vierte Tonleiterton (f) und der siebte Tonleiterton (h) sind nicht enthalten. Damit beruht die Melodie auf der pentatonischen (penta, griech. = fünf) Tonleiter.

A: Mit Stabspielen und anderen Instrumenten musizieren

 Die pentatonische Tonleiter besteht aus fünf verschiedenen Tönen. Sie entsteht, indem aus der Dur-Tonleiter der vierte und der siebte Ton entfernt werden.

Für die *C-Pentatonik* ergibt sich damit folgende Tonreihe:

Auf dem Stabspiel können ebenfalls die Töne f und h herausgenommen werden.

Aufgabe

1 Entfernen Sie die Töne f und h auf Ihrem Stabspiel und spielen Sie die obige Liedmelodie.

Begleitarten

Für das Begleiten einer pentatonischen Melodie genügen zwei Töne, nämlich der erste und der fünfte Ton der zu Grunde liegenden Dur-Tonleiter. In der musikalischen Fachsprache sind das der Grundton und die Quinte (quinte, lat. = fünf). Das sind für die C-Pentatonik die Töne c und g. Aus diesen Tönen wird ein so genannter *Bordun* gebildet, d. h. ein gleich bleibender, liegender Klang.

Ein solcher gleich bleibender Begleitklang kann auf mehrere einfache Arten erzielt werden:

Der Doppelklang
Grundton und Quinte werden in gleich bleibenden Notenwerten gleichzeitig angeschlagen.

Der Spaltklang
Grundton und Quinte werden in gleich bleibenden Notenwerten abwechselnd angeschlagen.

Der Ostinato
Ein Ostinato ist ein immer wiederkehrendes rhythmisches oder melodisches Motiv. Für einen Ostinato zur Begleitung pentatonischer Melodien wird aus Grundton und Quinte mit den Mitteln des Doppel- oder Spaltklanges ein kleines Motiv über ein oder zwei Takte gebildet, das ständig wiederholt wird.

A: Mit Stabspielen und anderen Instrumenten musizieren

Aufgaben

1. Spielen Sie die Notenbeispiele mit Ihrem Stabspiel.
2. Erfinden Sie ostinate Begleitmotive mithilfe Ihres Instruments und schreiben Sie die gefundenen Motive mit Noten auf.
3. Entwickeln Sie Ostinati auf dem Papier und spielen Sie sie auf Ihrem Instrument.
4. Wählen Sie zwei verschiedene Bordunklänge im 4/4 Takt für die Begleitung des Liedbeispiels und teilen Sie sie auf zwei Instrumentengruppen auf. Die dritte Gruppe spielt die Liedmelodie.
5. Übertragen Sie die Bordunklänge in andere pentatonische Tonleitern, z. B. F-Pentatonik, G-Pentatonik, D-Pentatonik.

Improvisations-Spiele

Durch die einfache Verbindung von Melodie und Begleitung entstehen in der Pentatonik keine unharmonischen Zusammenklänge. Damit ist die Pentatonik ideal für die ersten Versuche im freien, improvisatorischen Spiel geeignet.

Der Ostinatoteppich
Jeder erfindet einen eigenen Ostinato im 4/4 Takt. Der Erste beginnt. Nach vier Takten kommt der Nächste dazu, bis der vollständige Teppich gewebt ist.

Das Echospiel in Stufen
Ein Spielleiter spielt eintaktige Melodien vor, die die Gruppe sofort wiederholt. Damit die Melodien leicht nachgespielt werden können, darf dabei kein Tonleiterton übersprungen werden. Möglich sind also das Wiederholen von Tönen und das Weitergehen auf die nächst höhere oder niedrigere Stufe.

Das Vorspielen kann reihum fortgeführt werden, sodass jeder Spieler einen Takt vorspielt. Sobald die Gruppe den Takt wiederholt hat, ist der Nächste an der Reihe. Währenddessen kann eine kleine Gruppe den gesamten Ablauf mit einem Bordun begleiten.

Melodieimprovisation im vorgegebenen Rhythmus
Es ist ein zweitaktiger Rhythmus vorgegeben, z. B.:

Eine Begleitgruppe mit Handtrommeln spielt den Rhythmus in ständiger Wiederholung als Ostinato. Die Melodiespieler improvisieren zunächst alle gleichzeitig Melodien in diesem Rhythmus. Dabei sollen wie beim Echospiel häufige Tonsprünge vermieden werden.

A: Mit Stabspielen und anderen Instrumenten musizieren

Nach einiger Übung begleiten die Stabspiele mit einem Bordun-Ostinato. Die Rhythmusspieler teilen sich in zwei Gruppen. Die eine Gruppe wiederholt den ersten Takt als Ostinato mit Rasseln, die andere den zweiten Takt mit Handtrommeln. Jeder Spieler improvisiert reihum eine Melodie über acht Takte, indem der zweitaktige Rhythmus vier Mal gespielt wird.

Frage-Antwort-Spiel zwischen Gruppe und Solist
Ein Spieler improvisiert eine zweitaktige Melodie als Frage. Darauf antwortet die Gruppe mit einer vorher festgelegten, ebenfalls zweitaktigen Melodie, die z. B. auf der Grundlage des oben angegebenen Rhythmus entwickelt werden kann. Solist und Gruppe wechseln sich nun mehrmals ab. Ebenso kann das Spielen der Frage reihum weitergegeben werden, sodass jeder nur mit einer Frage an die Reihe kommt.

Auch eine umgekehrte Verteilung von Frage und Antwort ist möglich: Sobald die Gruppe eine Frage spielt, wird die Antwort jedes Mal neu improvisiert.

Das Glockenspiel
Als Glockenspiel sind meine Stäbe dünn und ziemlich klein.
Deshalb klingen meine Töne hell und zart und fein.

Frage-Antwort-Spiel zwischen zwei Solisten
Anfänglich kann für die Frage und für die Antwort ein jeweils zweitaktiger Rhythmus vorgegeben sein, woraufhin die Solisten immer neue Melodien improvisieren. Später sollten die vorgegebenen Rhythmen jedoch entfallen. Die Gruppe spielt dazu eine leise Bordun-Begleitung.

Für einen flüssigen Ablauf tun sich die Spieler in Paare zusammen und verabreden, wer Frage- und wer Antwortspieler ist. Jedes Paar spielt nun zwei Mal, dann kommt das nächste Paar an die Reihe.

Das Rondospiel
Der Ablauf des Rondospiels wurde bereits in Kapitel 2 beschrieben. Ein festgelegter Teil A als Thema wechselt sich mit improvisierten Zwischenspielen (B, C, D usw.) ab. Als Thema bietet sich das oben angegebene Lied an. Die Gruppe teilt sich auf in Melodiespieler, Bordunbegleitung und rhythmische Begleitung. Dabei spielen die Rhythmusinstrumente im Rhythmus der Bordunbegleitung. Zusätzlich wird die Melodie von allen gesungen.

A: Mit Stabspielen und anderen Instrumenten musizieren

Zwischenspiele

Die Gruppe begleitet leise mit den Bordun- und den Rhythmusstimmen. Die Solisten wählen eine der folgenden Möglichkeiten:

- Ein Solist improvisiert eine neue Melodie im vorgegebenen Liedrhythmus.
- Ein Solist improvisiert eine rhythmisch freie Melodie über acht Takte.
- Zwei Solisten improvisieren im Frage-Antwort-Stil über acht Takte.

Aufgaben

1. Führen Sie die Improvisationsspiele in Ihrer Lerngruppe durch.
2. Entwickeln Sie in Kleingruppen aus einigen Elementen der Improvisationsspiele ein Konzept für ein Stück und üben Sie dieses ein.

3.2 Akkord-Begleitung von Liedern

Auch bei Liedern kommt es vor, dass sie auf einer pentatonischen Tonleiter beruhen. Diese Lieder können ebenfalls mit der entsprechenden Bordunquinte begleitet werden. Die meisten Lieder sind allerdings in einer Dur- oder Moll-Tonart geschrieben. Möchte man diese Lieder ebenfalls harmonisch begleiten, verwendet man dazu Akkorde (vgl. Kap. B1).

Akkorde auf dem Stabspiel

Dur- und Moll-Akkorde bestehen immer aus drei Tönen: Grundton, Terz und Quinte (vgl. Kap. B1). Diese Töne sind auf dem Stabspiel leicht zu finden. Vom Grundton der übernächste ist die Terz, von der Terz wiederum der übernächste ist die Quinte. Diese Anordnung mit der Reihenfolge Grundton-Terz-Quinte ist die Grundstellung eines Akkordes.

Für die Begleitung von Liedern in einfachen Tonarten werden folgende Akkorde benötigt:

Dur-Akkorde

A: Mit Stabspielen und anderen Instrumenten musizieren

Moll-Akkorde

Am   Em   Dm   Gm

Das Metallophon
Ich bin ein Metallophon mit
Stäben aus Metall.
Jeder Stab ein andrer Ton,
das weiß man überall.

Einige dieser Akkorde enthalten durch # oder b veränderte Töne. Für die Ausführung dieser Akkorde ist es notwendig, das Stabspiel in chromatische und in diatonische Stabspiele aufzuteilen. Chromatische Stabspiele enthalten in einem zusätzlichen Halbtonkasten alle Halbtonschritte wie die schwarzen Tasten beim Klavier. Veränderte Töne werden hier also auf dem Halbtonkasten gespielt. Diatonische Stabspiele enthalten zunächst nur die C-Dur-Tonleiter. Für veränderte Töne müssen hier die entsprechenden Tonplatten ausgetauscht werden.

Akkorde können am Stabspiel voll oder gebrochen gespielt werden. *„Gebrochen"* bedeutet, dass die Dreiklangstöne nacheinander erklingen, *„voll"* bedeutet, dass die Töne gleichzeitig angeschlagen werden. Für das Anschlagen des *vollständigen Akkordes* werden drei Schlägel benötigt. Es empfiehlt sich, zwei Schlägel mit der rechten Hand so zu fassen, dass Terz und Quinte gleichzeitig angeschlagen werden können. Für die Anwendung dieser Dreischlägeltechnik ist es erforderlich, dass alle Dreiklangstöne auf einem Tonkasten liegen. Bei chromatischen Stabspielen müssen für Akkorde mit veränderten Tönen also ebenfalls die Tonplatten ausgetauscht werden. Wenn nur zwei Schlägel verwendet werden, können bei vollem Akkordanschlag nur zwei Dreiklangstöne gespielt werden. In der Regel sind dies *Grundton und Quinte*. Zusätzlich kann auf einem tiefen Stabspiel als Bassfunktion nur der *Grundton* gespielt werden.

Spielweisen für das Akkordspiel sind:
- *Gebrochene Akkorde*
- *Vollständiger Akkordanschlag mit Dreischlägeltechnik*
- *Doppelklang mit Grundton und Quinte*
- *Nur der Grundton als Bassfunktion*

Diese Spielweisen werden auf ähnliche Weise ausgeführt wie das Bordunspiel. Die Töne des Dreiklangs sollen ein Ostinato bilden. Beim Wechsel zu einem anderen Akkord wird das gleiche Ostinato mit den Dreiklangstönen des neuen Akkordes gespielt. Die Stabspiele können gut durch Gitarren, Klavier, Keyboard und E-Bass ergänzt werden.

Aufgaben

1. Suchen Sie die Akkorde auf dem Stabspiel.
2. Spielen Sie die Akkorde auf die verschiedenen Spielweisen.

Akkordverbindungen

In einfachen Liedern ist die harmonische Begleitung auf die drei Hauptakkorde der entsprechenden Tonart beschränkt. Akkordverbindungen mit Hauptakkorden werden auch als Kadenzen bezeichnet (vgl. Kapitel B1). Im Folgenden sind die wichtigsten Akkordverbindungen aufgeführt.

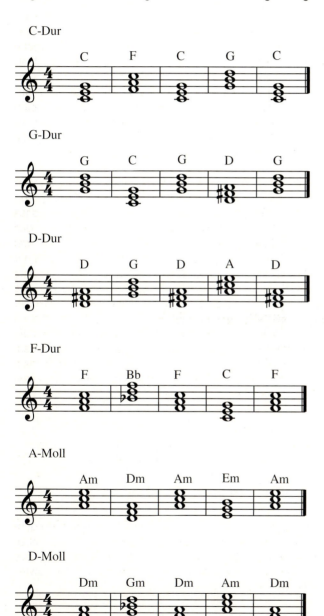

A: Mit Stabspielen und anderen Instrumenten musizieren

Es empfiehlt sich, auf dem Stabspiel diese Akkordverbindungen unabhängig von einem Lied zu üben.

Aufgaben

1. Spielen Sie die Akkordverbindungen wie im Notenbild angegeben in Dreischlägeltechnik.
2. Spielen Sie jeden Akkord jeweils zwei Takte in halben Noten mit Grundton und Quinte.
3. Spielen Sie die Akkordverbindungen mit Dreischägeltechnik in Viertelnoten. Schlagen Sie dabei nicht den vollen Akkord an, sondern wechseln sie regelmäßig zwischen linker und rechter Hand.
4. Spielen Sie die Akkordverbindungen mit gebrochenen Akkorden in Viertelnoten in jedem Takt folgendermaßen: Grundton-Terz-Quinte-Grundton.
5. Spielen Sie die Akkordverbindungen in zweitaktigem Wechsel mit selbst erfundenen Ostinati in den verschiedenen Techniken.

Liedbegleitung

Das Lied „Wenn sich die Igel küssen" ist in der Tonart C-Dur geschrieben. Die Akkordbegleitung beschränkt sich auf die Hauptakkorde C, F und G. Nach jedem Takt findet ein Akkordwechsel statt. Für die Liedbegleitung können die gleichen Spielweisen verwendet werden, wie sie bei den Akkordverbindungen geübt wurden.

Im folgenden Notenbild ist für jede Spieltechnik ein Ostinatorhythmus angegeben. Jede der angeführten Begleitstimmen kann für sich stehen. Die verschiedenen Stimmen können aber auch auf mehrere Spieler oder Gruppen verteilt werden. Damit ergibt sich ein komplettes Begleitarrangement.

Reihenfolge der Begleitstimmen im angeführten Arrangement:

1. Grundton und Quinte

2. Gebrochene Akkorde

3. Volle Akkorde in Dreischlägeltechnik

4. Grundtöne

Wird dieses Arrangement von einem ganzen Stabspielensemble gespielt, so werden die Grundtöne von den tiefsten Instrumenten als Bassfunktion übernommen. Die erste Stimme hat die längsten Notenwerte und wird daher von den länger klingenden Metallophonen gespielt. Die zweite und dritte Stimme beruhen auf Achtelrhythmen. Diese spielen am besten Xylophone, wobei zur Unterscheidung die gebrochenen Akkorde von den Sopranxylophonen und die Dreischlägeltechnik von den Altxylophonen übernommen werden kann. Das Arrangement kann wiederum durch Gitarren, Keyboard und E-Bass ergänzt werden.

A: Mit Stabspielen und anderen Instrumenten musizieren

Wenn sich die Igel küssen

T.u. M.: Johannes Kuhnen, KJG Verlag, Düsseldorf
Rechte: Kuhnen, Kempen

A: Mit Stabspielen und anderen Instrumenten musizieren

Aufgaben

1. Spielen Sie jede Begleitstimme und singen Sie dazu die Liedmelodie.
2. Teilen Sie in Ihrer Lerngruppe die Begleitstimmen auf verschiedene Gruppen auf und spielen Sie das Gesamtarrangement.
3. Entwickeln Sie Begleitstimmen zu einem Ihnen bekannten Lied aus einem Liederbuch.

3.3 Im Blues-Feeling

Die Harmonik und der Rhythmus des Blues sind ein wesentlicher Bestandteil der Unterhaltungsmusik und somit den Meisten durch alltägliche Hörgewohnheiten gut bekannt. Für das praktische Musizieren lassen sich die musiktheoretischen Grundlagen auf einfache Formen beschränken. Daher ist der Blues für das Spielen nach Gehör und das Improvisieren gut geeignet.

Das Bluesschema

Die Form eines Blues entspricht einem einfachen harmonischen Ablauf, dem so genannten *Bluesschema*. Es geht über 12 4/4-Takte und verwendet ausschließlich die Hauptakkorde der betreffenden Tonart. Die Verbindungen der Hauptakkorde wurden bereits im vorhergehenden Abschnitt zur Liedbegleitung geübt. Für die folgende Bluesstrophe in D-Dur werden die Akkorde D, G und A benötigt. Im Blues werden häufig die Septimakkorde (D7, G7 und A7) verwendet. Das bedeutet, dass zu dem Dur-Dreiklang noch die Septime (vgl. Kap. B1) hinzutritt und den Dreiklang zu einem Vierklang erweitert. Auf dem Stabspiel ist die Septime eines Akkordes von der Quinte aus gesehen der übernächste Ton. Für das Musizieren in der Klasse ist die Verwendung der Septime jedoch nicht unbedingt erforderlich.

Akkorde für einen Blues in D-Dur

Bluesschema in D-Dur

D	D	D	D7
G7	G7	D7	D7
A7	G7	D7	A7

A: Mit Stabspielen und anderen Instrumenten musizieren

Aufgaben

1. Entwickeln Sie Ostinati mit den Akkordtönen in den weiter oben besprochen Spielweisen:
   - Gebrochene Akkorde
   - Volle Akkorde mit Dreischlägeltechnik
   - Grundton und Quinte
   - Nur Grundtöne

2. Entwickeln Sie daraus ein Begleitarrangement für mehrere Stabspielgruppen bzw. Keyboard, E-Bass und Gitarre und üben Sie den Ablauf des Bluesschemas.

Blues-Improvisation

Zur Melodieimprovisation dient die einfachste Form der Blues-Tonleiter. Sie weist im Vergleich zur Dur-Tonleiter einige Unterschiede auf:

- Die zweite und die sechste Stufe der Dur-Tonleiter entfallen.
- Die dritte und die siebte Stufe der Dur-Tonleiter werden um einen Halbton erniedrigt.

Für einen Blues in D-Dur ergibt sich damit die folgende Tonleiter.

Blues-Tonleiter auf D

Zu dem harmonischen Ablauf des Bluesschemas kann nun mit den Tönen der Blues-Tonleiter frei improvisiert werden. Die beiden erniedrigten Töne der dritten und siebten Stufe F und C sind so genannte Blue-Notes und erzeugen harmonische Reibungen. Diese werden durch die Verwendung der Septime in den Akkorden noch verstärkt. Diese Reibungen gehören zur Stilistik des Blues und werden nicht als „falsch" empfunden.

Improvisationsübungen

- Die Gruppe teilt sich in zwei Hälften: Begleitspieler und Melodiespieler. Die Melodiespieler improvisieren gleichzeitig, also durcheinander. Jeder spielt einfach „drauflos" und versucht nur auf sich und die Begleitgruppe zu hören.
- Um die Akkordwechsel bewusst mitzuvollziehen, soll bei jedem Akkordwechsel mit dem Grundton des neuen Akkordes begonnen werden.
- Die Improvisation soll in drei viertaktige Teile gegliedert werden. In jedem Teil werden die ersten beiden Takte ausgefüllt und die folgenden freigelassen.
- Nur jeweils ein Spieler improvisiert, alle anderen begleiten ihn leise. Das Bluesschema wird ständig wiederholt. Nach jeder Strophe wechselt der Solist.

Aufgaben

1. Führen Sie die Improvisationsübungen in Ihrer Lerngruppe durch.
2. Komponieren Sie in Kleingruppen eine Melodie für eine Bluesstrophe und üben Sie sie ein.
3. Gestalten Sie mit den in den Kleingruppen komponierten Strophen einen Gesamtablauf für Ihren Blues.

Teil B:

... was man wissen sollte

1 Wie Musik aufgebaut ist – elementare Musiklehre

In diesem Kapitel werden die elementaren Grundkenntnisse der Musiklehre erläutert. Es dient zum Verständnis der Grundlagen und soll zum Nachlesen und zum Nachschlagen herangezogen werden. Die Anwendung der hier beschriebenen Elemente erfordert jedoch praktische Übung mit musikalischen Beispielen. Anleitungen für das praktische Üben werden in Kapitel A 2 für Notenwerte und Rhythmen sowie in Kapitel A 3 für Notennamen, Melodien und Akkorde gegeben. Auch in den Kapiteln C 1 und C 4 werden die wichtigsten Kenntnisse angewendet und vertieft.

1.1 Notenschrift

Töne bestehen aus einer Tonhöhe und einer Tondauer. Um diese festzulegen, werden Noten in ein Notensystem eingetragen.

Das Notensystem

Das Notensystem besteht aus fünf Notenlinien sowie vier Zwischenräumen. Eröffnet wird ein solches Notensystem immer mit einem Notenschlüssel. Die wichtigsten Notenschlüssel sind der Violinschlüssel, der Bassschlüssel und der Percussionsschlüssel. Ein Notenschlüssel legt die Position eines Bezugstons im Notensystem fest und bestimmt damit den Tonraum, den das Notensystem umfasst.

𝄞	*Der Violinschlüssel* (auch G-Schlüssel) umkreist die zweite Linie und legt dadurch die Position des Tones „*g'*" (= eingestrichenes G) fest. Er ist der gebräuchlichste von allen Notenschlüsseln. Die meisten Melodieinstrumente werden in ihm notiert. Die Melodiestimme eines Liedes steht grundsätzlich im Violinschlüssel.
𝄢	*Der Bassschlüssel* (auch F-Schlüssel) beginnt auf der vierten Linie und gibt damit die Position des Tones „*f*" (= kleines F) an. Er wird dann verwendet, wenn tiefe Noten notiert werden sollen. Tiefe Instrumente wie z. B. Posaune, E-Bass und Männerstimmen im Chorsatz werden im Bassschlüssel notiert.
𝄥	*Der Percussionsschlüssel* findet dann Verwendung, wenn ausschließlich Rhythmen notiert werden wie für das Schlagzeug oder andere Rhythmusinstrumente.

B: Wie Musik aufgebaut ist – elementare Musiklehre

Tonhöhe und Notennamen

Um die Tonhöhe einer Note festzulegen, erhält sie einen bestimmten Platz im Notensystem, das heißt, sie liegt auf einer bestimmten Linie oder in einem bestimmten Zwischenraum. Je höher die Note im Notensystem ist, desto höher ist auch ihre Tonhöhe. Für Töne, die unter- oder oberhalb des Notensystems liegen, bedient man sich so genannter Hilfslinien. Die Namen der Noten sind vom Alphabet abgeleitet und beschränken sich eigentlich auf die ersten sieben Buchstaben, also A-B-C-D-E-F-G. Im deutschen Sprachraum wird die Note B aber mit dem Buchstaben H bezeichnet, sodass die Übereinstimmung mit dem Alphabet gar nicht mehr ersichtlich ist. In der internationalen Musiksprache ist dagegen die Bezeichnung B üblich. Die Töne im *Violinschlüssel* heißen also:

Diese Töne werden auch als *Stammtöne* bezeichnet. Die *Stammtonreihe* setzt sich nach oben und nach unten in weiteren Oktaven fort. Um die Oktavbereiche zu unterscheiden, erhalten sie folgende Bezeichnungen: Subkontra-Oktave, Kontra-Oktave, große Oktave, kleine Oktave, eingestrichene Oktave, zweigestrichene Oktave, dreigestrichene Oktave, viergestrichene Oktave. Ein neuer Oktavbereich beginnt jeweils beim Ton C. Zur genauen Bezeichnung erhält ein Ton somit einen kleinen oder großen Buchstaben mit der entsprechenden Anzahl von Strichen oder eine hochgestellte Ziffer. Für das Singen und das Musizieren mit Gruppen genügt der Überblick über den Tonbereich von g bis g'':

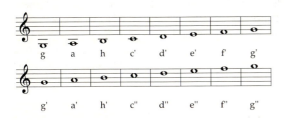

Versetzungszeichen

Mithilfe von *Versetzungszeichen* kann jeder Stammton noch um einen Halbton erhöht oder erniedrigt werden. Um eine Note um einen Halbton zu erniedrigen, schreibt man das Versetzungzeichen ♭ vor die jeweilige Note. An den Notennamen wird die Silbe „es" angehängt. Ausnahmen in der Bezeichnung gibt es aber bei den Tönen H und A: H wird zu B und A wird zu As.

H	⇨	B
E	⇨	Es
A	⇨	As
D	⇨	Des
G	⇨	Ges
C	⇨	Ces
F	⇨	Fes

B: Wie Musik aufgebaut ist – elementare Musiklehre

Das gleiche Verfahren wird mit dem Versetzungzeichen ♯ angewandt, um eine Note um einen Halbton zu erhöhen. An den Notennamen wird die Silbe „is" angehängt.

F	⇨	Fis
C	⇨	Cis
G	⇨	Gis
D	⇨	Dis
A	⇨	Ais
E	⇨	Eis
H	⇨	His

Somit ergeben sich für den gleichen Ton unterschiedliche Namen:

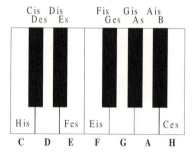

Ein Versetzungszeichen gilt für die Dauer eines Taktes. Steht ein Versetzungszeichen am Anfang eines Musikstückes, gilt es für dessen gesamte Dauer und wird dann *Vorzeichen* genannt. Aufgehoben werden kann ein Versetzungszeichen durch ein *Auflösungszeichen* ♮ , das ebenfalls für die Dauer des jeweiligen Taktes gilt.

Tondauer und Notenwerte

Um die Länge des erklingenden Tones festzulegen, erhält die Note einen bestimmten Notenwert. Dieser wird durch ein unterschiedliches Aussehen der Notenformen gekennzeichnet. Jedem Notenwert ist ein gleich langer Pausenwert zugeordnet – das Zeichen für Stille.

(ganze Note)	Die *ganze Note* besitzt keinen Notenhals und ist nicht ausgefüllt. Ihre Dauer beträgt vier Schläge. Die ganze Pause hängt an der vierten Notenlinie.	(ganze Pause)
(halbe Note)	Die *halbe Note* besitzt einen Notenhals und ist ebenfalls nicht ausgefüllt. Ihre Dauer beträgt zwei Schläge. Die halbe Pause liegt auf der dritten Notenlinie.	(halbe Pause)

B: Wie Musik aufgebaut ist – elementare Musiklehre

♩ ♩	Die *Viertelnote* ist ausgefüllt und besitzt einen Notenhals. Ihre Dauer ist ein Schlag.	𝄽
♪♪ ♫	Die *Achtelnote* besitzt noch ein Fähnchen oder wird, wenn sie in Gruppen vorkommt, mit einem Balken zusammengefasst. Ihre Dauer beträgt einen halben Schlag.	𝄾
♬	Die *Sechzehntelnote* wird durch zwei Fähnchen bzw. durch zwei Balken gekennzeichnet. Ihre Dauer ist ein viertel Schlag.	𝄿
♩. ♩.	Die Tondauer kann des Weiteren durch einen Punkt hinter der Note um die Hälfte ihres Wertes verlängert werden. Eine *punktierte Viertelnote* dauert somit eineinhalb Schläge; eine punktierte Halbe dauert drei Schläge.	

Die Taktarten

Der Takt ist eine Maßeinheit, die die Notenwerte eines Musikstückes in gleich große Gruppen gliedert. Ein 4/4 Takt hat die Dauer von vier Viertelnoten. Diese werden als *Zählzeiten* eines Taktes bezeichnet. Die obere Zahl der Taktbezeichnung beschreibt dabei die Anzahl, die untere Zahl die Art der Notenwerte für die Festlegung der Zählzeiten. Ein 4/4 Takt hat also vier Zählzeiten, ein 3/4 Takt hat drei Zählzeiten. Die gebräuchlichsten Taktarten sind: 4/4 Takt, 2/4 Takt, ¾ Takt und 6/8 Takt. Die erste Zählzeit ist in jeder Taktart betont. Im 4/4 Takt ist zusätzlich die dritte Zählzeit, im 6/8 Takt ist zusätzlich die vierte Zählzeit leicht betont.

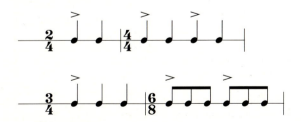

B: Wie Musik aufgebaut ist – elementare Musiklehre

Aufgaben

1 Wie heißen die folgenden Töne?

2 Notieren Sie ⁴⁄₄ und ³⁄₄ Takte unter Verwendung von Halben und Vierteln.

3 Notieren Sie ⁴⁄₄ und ³⁄₄ Takte unter Verwendung von Halben, Vierteln und Achteln.

4 Notieren Sie ⁴⁄₄ und ³⁄₄ Takte mit beliebigen Noten und Pausenwerten.

1.2 Die Tonleitern

Die Tonabstände der aufeinander folgenden Töne der Stammtonreihe sind nicht gleich. Sie unterscheiden sich in *Ganz- und Halbtonschritte*. Eine Klaviertastatur kann dies verdeutlichen:

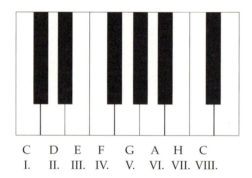

Die weißen Tasten des Klaviers entsprechen der Stammtonreihe. Geht man von Taste zu Taste, also weiß – schwarz – weiß – schwarz – weiß – weiß – schwarz, erhält man ausschließlich Halbtonschritte. Geht man dagegen nur auf den weißen Tasten aufwärts, erhält man sowohl Ganzton- als auch Halbtonschritte. Die Halbtonabstände der weißen Tasten kommen, wie in der Abbildung zu sehen ist, zwischen den Tönen E und F und zwischen den Tönen H und C vor. Diese Halbtonabstände zwischen E und F und zwischen H und C werden als *natürliche Halbtöne* bezeichnet. Sie sind die einzigen Halbtonschritte, die ohne Verwendung von Versetzungszeichen notiert werden können.

Die Dur-Tonleiter

Beginnt man die Stammtonreihe mit dem Ton C, so erhält man die *C-Dur-Tonleiter*. Jeder Ton einer Tonleiter erhält eine nummerierte Stufe. Die natürlichen Halbtöne liegen somit zwischen der III. und IV. sowie zwischen der VII. und VIII. Stufe.

C-Dur-Tonleiter

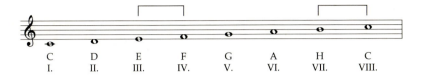

Diese Lage der Halbtonschritte zwischen der III. und IV. und VII. und VIII. Stufe ist nun das wesentliche Merkmale für eine Dur-Tonleiter. Beginnt man eine Tonleiter auf einem anderen Ton der Stammtonreihe, so liegen die natürlichen Halbschritte zwischen anderen Stufen. Um die Halbtonanordnung einer Dur-Tonleiter herzustellen, müssen dann einzelne Töne mit den Versetzungszeichen erhöht oder erniedrigt werden. Für die *Tonleiter in F-Dur* genügt es den Ton H auf B zu erniedrigen. Die Halbtonschritte liegen damit zwischen A und B und zwischen E und F. Das Versetzungszeichen wird als Vorzeichen an den Anfang der Notenzeile gestellt.

F-Dur-Tonleiter

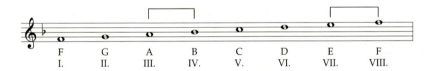

Für die *Tonleiter in G-Dur* wird der Ton F auf Fis erhöht. Die Halbtonschritte liegen nun zwischen H und C und zwischen Fis und G.

G-Dur-Tonleiter

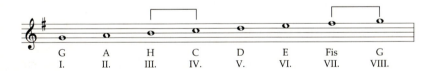

Auf diese Weise erhält jede Tonleiter eine feststehende Anzahl von Vorzeichen. An den Vorzeichen ist ebenfalls die Tonart eines Musikstückes zu erkennen. Dies bedeutet, dass das Musikstück vorwiegend das Tonmaterial der betreffenden Tonleiter verwendet.

Vorzeichen der wichtigsten Dur-Tonarten

Die Moll-Tonleiter

Beginnt man die Stammtonreihe mit dem Ton A, so liegen die natürlichen Halbtonschritte zwischen der II. und III. und zwischen der V. und VI. Stufe. Diese Position der Halbtonschritte ist das Merkmal der Moll-Tonleiter. Die entstehende Tonleiter heißt nun *A-Moll*.

A-Moll-Tonleiter

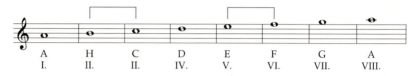

Die A-Moll-Tonleiter besitzt ebenso wie die C-Dur-Tonleiter keine Vorzeichen. Auch zu jeder anderen Dur-Tonleiter gibt es eine Moll-Tonleiter, die die gleichen Vorzeichen aufweist. Diese werden als *parallele Tonleitern* bzw. *parallele Tonarten* bezeichnet. Der Grundton der Moll-Tonleiter liegt dabei immer eine kleine Terz unter dem Grundton der parallelen Dur-Tonleiter.

Vorzeichen der wichtigsten Moll-Tonarten

Um die *Tonart* eines Musikstückes genau zu bestimmen, muss somit außer den Vorzeichen noch der Schlusston bzw. der Schlussakkord beachtet werden. Ein Musikstück endet in der Regel mit dem Grundton der betreffenden Tonleiter bzw. mit dem Akkord der ersten Stufe.

Die pentatonische Tonleiter

Der Begriff *Pentatonik* leitet sich aus der griechischen Zahl *penta* (= fünf) ab. Somit wird in der pentatonischen Tonleiter der Tonabstand einer Oktave in fünf Töne eingeteilt. Sie entsteht durch Entfernen des vierten und des siebten Tones der Dur-Tonleiter.

C – Pentatonik

Zu jeder Dur-Tonleiter kann so die entsprechende pentatonische Tonleiter gebildet werden. Die Tonabstände der pentatonischen Tonleiter sind nun: Ganzton – Ganzton – eineinhalb Töne – Ganzton – eineinhalb Töne. Die pentatonische Tonleiter enthält also keine Halbschritte. Daher weist sie keinen Dur- oder Moll-Charakter auf. Dennoch wird vor allem in der Pop-Musik von

Dur- und Moll-Pentatonik gesprochen. Die Moll-Pentatonik entsteht dabei ebenfalls durch Entfernen der Halbtonschritte aus der Moll-Tonleiter. Dabei fällt der zweite und der sechste Ton weg.

Aufgaben

1. Notieren Sie die Tonleitern der angegebenen Dur- und Moll-Tonarten und kennzeichnen Sie die Position der Halbtonschritte.
2. Leiten Sie daraus die jeweilige pentatonische Tonleiter ab.
3. Suchen Sie aus einem Liederbuch Beispiele für die hier genannten Tonarten. Prüfen Sie den Zusammenhang zwischen Vorzeichen und Schlusston.

1.3 Akkorde

Ein Akkord ist ein Zusammenklang von mehreren Tönen mit bestimmten Tonabständen.

Intervalle

Der Abstand zwischen zwei Tönen wird Intervall genannt.

Die Intervallbezeichnungen sind aus den lateinischen Ordnungszahlen abgeleitet. Sie können als Abstände der Töne einer Dur- oder Moll-Tonleiter vom Grundton verdeutlicht werden.

Intervallbezeichnungen

Bei Sekunde, Terz, Sexte und Septime gibt es jeweils kleine und große Formen, die sich durch einen Halbton unterscheiden.

Der Akkordaufbau

Dur- und Moll-Akkorde sind Dreiklänge. Sie bestehen also aus drei Tönen im Abstand von Grundton, Terz und Quinte. Der Unterschied zwischen Dur- und Moll-Dreiklang liegt in der Terz. Im Dur-Akkord wird die große Terz und im Moll-Akkord die kleine Terz verwendet.

In der *Akkordbezifferung* werden für Dur-Akkorde Großbuchstaben verwendet: *C-Dur = C*. Moll-Akkorde werden entweder mit Kleinbuchstaben oder mit einem angehängten „m" bezeichnet: *C-Moll = c oder Cm*.

Mit drei Tönen können ebenfalls *verminderte oder übermäßige Akkorde* gebildet werden. Bei verminderten Akkorden werden zwei kleine Terzen übereinander gelegt. Zur Akkordbezeichnung wird dem Großbuchstaben eine hochgestellte Null oder die Abkürzung „dim" für „diminuiert" beigefügt: *C vermindert = C^0 oder Cdim*. Übermäßige Akkorde bestehen aus zwei großen Terzen und werden mit einem Pluszeichen kenntlich gemacht: *C übermäßig = C+*.

Zu einem Dur- oder Moll-Akkord können noch Zusatztöne (Optionen) hinzukommen und so den Dreiklang zu einem Vier- oder Fünfklang erweitern. Diese werden mit einer Ziffer kenntlich gemacht. Die Ziffer bezeichnet das Intervall zwischen dem Zusatzton und dem Grundton des Akkordes: C7 = C-Dur-Akkord mit zusätzlicher Septime.

Akkordbezifferung	
C-Dur	C
C-Moll	Cm oder c
C vermindert	Cdim oder C^0
C übermäßig	C+
C-Dur mit Option	C7, C6, C9, C4
C-Moll mit Option	Cm7, Cm6, Cm9, Cm4

Haupt- und Nebenakkorde

Auf jeder Stufe einer Dur-Tonleiter kann ein Dreiklang gebildet werden. Auf der ersten, vierten und fünften Stufe ergeben sich Dur-Akkorde. Auf der zweiten, dritten und sechsten Stufe ergeben sich Moll-Akkorde.

Haupt- und Nebenakkorde in C-Dur

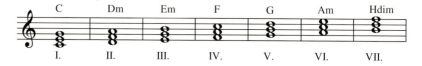

Die *Haupt-Akkorde*, die zur harmonischen Begleitung von Melodien hauptsächlich herangezogen werden, liegen immer auf der ersten, vierten und fünften Stufe. Die Akkorde der zweiten, dritten und sechsten Stufe werden als *Neben-Akkorde* bezeichnet.

Für eine Moll-Tonleiter ergeben sich Dur- und Moll-Akkorde auf anderen Stufen. Dennoch sind auch hier die Haupt-Akkorde auf der ersten, vierten und fünften Stufe. Die Neben-Akkorde finden sich auf den Stufen drei, sechs und sieben.

Haupt- und Nebenakkorde in A-Moll

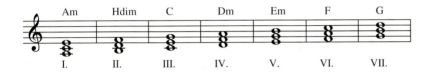

Akkordverbindungen zwischen den Hauptakkorden werden auch als *Kadenzen* bezeichnet. Sie sind für die harmonische Begleitung von Liedmelodien besonders wichtig.

Aufgaben

1. Notieren Sie die Dur-Akkorde auf den Grundtönen D, E, A und H.
2. Notieren Sie die Moll-Akkorde auf den Grundtönen C, F, G und H.
3. Notieren Sie die Haupt- und Nebenakkorde der Tonarten G-Dur, D-Dur, F-Dur und B-Dur.
4. Notieren Sie die Haupt- und Nebenakkorde der Tonarten E-Moll, H-Moll, D-Moll und G-Moll.

Literaturhinweise

ALBRECHT, G.: Musikerziehung für Erzieher, Stam Verlag, Köln 1986.

HAUNSCHILD, F.: Die neue Harmonielehre, AMA-Verlag, Brühl 1994.

HEMPEL, CH.: Neue allgemeine Musiklehre, Schott Verlag, Mainz 1997.

GESELBRACHT, E.: Der musikalische Trichter, Fidula Verlag, Boppard 1985.

2 Wie die Stimme funktioniert

Um zu verstehen, wie die menschliche Stimme funktioniert, werden zunächst die Atmung und die Tonerzeugung betrachtet. Auf diesen Faktoren beruht die Singstimme und die Sprechstimme. Die Atmung beeinflusst darüber hinaus das gesamte Wohlbefinden und ist für die körperliche Belastbarkeit von grundlegender Bedeutung. Aus der Tonerzeugung erklärt sich die Entstehung der Stimmregister. Die Kenntnis der Stimmregister ermöglicht genauere Einsichten zum Umfang der Stimme.

2.1 Die Atmung

Die drei Phasen des Atmungsvorganges

Einatmungsphase	Das Zwerchfell zieht sich zusammen und gibt der Lunge damit Platz sich nach unten zu vergrößern. Dadurch entsteht ein Unterdruck in der Lunge, der das Einströmen von Luft hervorruft.
Ausatmungsphase	Das Zwerchfell gibt seine Kontraktion (Zusammenziehung) auf und geht in seine Ruhestellung zurück. Die Lunge wird wieder kleiner und gibt Kohlendioxid nach außen ab.
Ruhephase	Hier herrscht für einen Moment Stillstand in der Atembewegung. In dieser Zeit kann sich das Zwerchfell völlig entspannen, um für den neuen Atemimpuls bereit zu sein.

Das Zwerchfell

Das Zwerchfell liegt zwischen Brust- und Bauchhöhle und umfasst die gesamte Körperbreite. Es ist in seiner Ruhestellung kuppelförmig und ragt nach oben in den Brustraum hinein. Beim Einatmen zieht sich das Zwerchfell zusammen. Durch das Zusammenziehen wird die in den Brustraum ragende Kuppel nach unten gezogen. Das Zwerchfell drückt so auf die unter ihm liegenden Organe und drängt sie nach vorne. Dies ergibt die bekannte Bauchdeckenbewegung beim Einatmen (Bauch- oder Tiefatmung). Neben dem Zwerchfell sorgen auch noch die Zwischenrippenmuskeln dafür, dass sich die Rippen anheben und so Platz für den Lungenraum machen. Dies ruft eine Bauchdeckenbewegung oberhalb des Nabels und eine Weitung des Brustkorbs hervor (Brustatmung). Für einen gesunden Atmungsvorgang ist das Zusammenspiel der Bauch- und Brustatmung erforderlich, weil dadurch der größte Raum für die Aufnahme von Sauerstoff bereitgestellt wird.

B: Wie die Stimme funktioniert

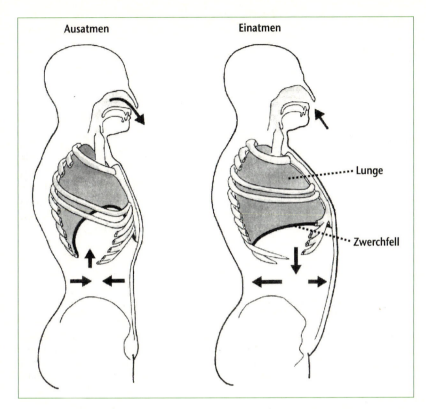

Atembewegung © AMA 1996

Die Atemstütze

Beim Ausatmen lässt das Zwerchfell seine Spannung nach, damit die eingeatmete Luft nach außen entweichen kann. Für das Sprechen und vor allem für das Singen ist eine lange Ausatmung erforderlich. Daher muss das Zwerchfell seine Spannung möglichst langsam nachlassen können. Diese Fähigkeit, die Zwerchfellspannung zu halten und ganz allmählich zu lockern, bezeichnet man als *Atemstütze*.

Ziele für eine gesunde Atmung:
- *Bauch-Brust-Atmung, um für den Einatmungsvorgang genügend Raum bereitzustellen.*
- *Atemstütze, um beim Sprechen und Singen ökonomisch mit der eingeatmeten Luft umgehen zu können.*

B: Wie die Stimme funktioniert

Übungen

1 Durch Schnuppern und Hecheln können Sie die Zwerchfelltätigkeit spüren. Beim Schnuppern wird Luft durch die Nase in schnellen kurzen Zügen aufgenommen. Beim Hecheln erfolgen schnelle Ein- und Ausatmungsbewegungen durch den Mund. Beides dient zur Lockerung des Zwerchfells.

2 Im Liegen fällt die Bauchatmung am leichtesten. Legen Sie ihre Hände etwas oberhalb des Nabels auf Ihren Bauch und achten Sie auf das Heben und Senken der Bauchdecke. Versuchen Sie diese Atmungseinstellung im Stehen zu wiederholen.

3 Legen Sie in aufrecht sitzender oder stehender Haltung eine Hand über den Nabel und die andere genau gegenüber auf die Wirbelsäule. Atmen Sie einen S-Laut so langsam wie möglich aus. Halten Sie dann den Atem kurz an, bis Sie einen richtigen Atemhunger verspüren. Lassen Sie beim Einatmen die Luft dahin strömen, wo sich Ihre Hände befinden. Durch den lange anhaltenden Ausatmungsvorgang wird die Atemstütze geübt, durch das Einströmen der Luft wird die Tiefatmung in Gang gebracht.

2.2 Die Tonerzeugung

Der Kehlkopf

Der Kehlkopf erzeugt die Töne. Er befindet sich am oberen Ende der Luftröhre in einem Muskelsystem eingebettet, das ihn nach oben, unten, vorne und hinten bewegen kann. Man spricht daher von einem flexiblen *Einhängemechanismus des Kehlkopfes*.

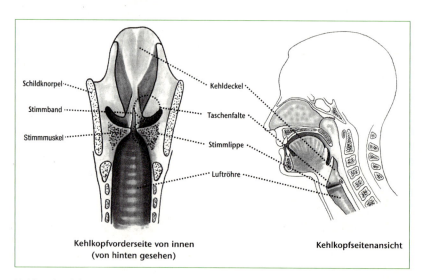

Kehlkopfansicht © AMA 1996

Die Stimmlippen

Im Kehlkopf befinden sich die so genannten *Stimmlippen*. Sie sind ein Muskelpaar, das zunächst die Funktion hat, die Luftröhre beim Schlucken zu verschließen, um das Eindringen von Nahrung in den Luftraum zu verhindern. Sie sind darüber hinaus jedoch die Quelle der Tonerzeugung. Der Zwischenraum zwischen den beiden Stimmlippen ist die *Stimmritze*. Sie ist beim Schlucken geschlossen und bei normaler Atmung relativ weit in Form eines Dreiecks geöffnet. Beim Stimmgebrauch ziehen sich die Stimmlippen zusammen und nähern sich einander an, sodass die Stimmritze sich zu einem Spalt verengt. In dieser Stellung werden die Stimmlippen durch die aufsteigende Luft der Ausatmung zum Schwingen gebracht, wodurch der Sprech- oder Sington entsteht.

Tonerzeugung im Kehlkopf

Ausatmungsluft strömt durch die Stimmritzen ⟶ *Stimmlippen geraten in Schwingung*

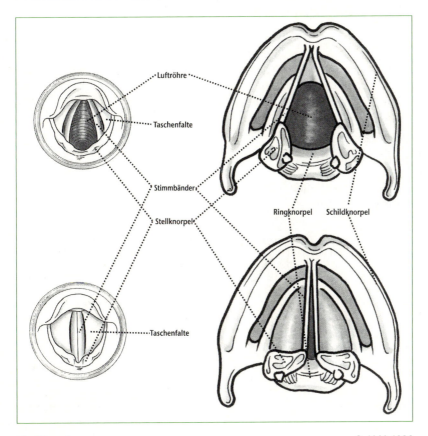

Die Stimmlippen © AMA 1996

Der Stimmbruch

Der in der Pubertät stattfindende Stimmbruch entsteht durch das Wachsen des Kehlkopfs bei Jungen. Der Kehlkopf vergrößert sich dabei etwa um die Hälfte. Damit einhergehend vergrößern sich die Stimmlippen erheblich, sodass die Stimme etwa um eine Oktave absinkt und sich ein kräftigerer vollerer Stimmklang entwickelt. Ein ähnlicher, aber nicht so gravierender Wechsel vollzieht sich auch bei Mädchen. Der Kehlkopf und die Stimmlippen wachsen nur gering, woraufhin die Stimme ebenfalls etwas voller klingt.

Übungen

1. Versuchen Sie während des Schluckens einen Ton zu erzeugen. Es wird Ihnen nicht gelingen, da die Stimmlippen die Luftröhre verschließen.
2. Ertasten Sie die Bewegung des Kehlkopfes beim Schlucken.
3. Summen Sie einen beliebigen Ton. Fassen Sie dabei den Hals mit beiden Händen und fühlen Sie so die Schwingungen.

2.3 Die Stimmregister

Jede Stimme hat im Wesentlichen zwei verschiedene Klangfarbenbereiche, die als *Stimmregister* bezeichnet werden: das *Brust- und das Kopfregister*, auch *Brust- und Kopfstimme* genannt.

Das Brustregister oder die Bruststimme	Die Stimmlippen schwingen mit ihrer ganzen Masse. Die Stimme klingt voll und kräftig als Bruststimme, auch Vollstimme genannt. Dies trifft im mittleren bis tiefen Bereich der Stimme oder auch bei lautem Singen zu.
Das Kopfregister oder die Kopfstimme	Es schwingt nur der dünne innere Rand um die Stimmritze herum, das so genannte Stimmband. Die Stimme klingt dünn und fein als Kopfstimme, auch Randstimme genannt. Die Schwingungstätigkeit der Stimmlippen nimmt mit zunehmender Tonhöhe ab und ist ab einer bestimmten, aber individuell verschiedenen Tonhöhe nicht mehr vorhanden. Die Schwingung der Randzone steigt mit der Tonhöhe und ist für die hohen Töne alleine verantwortlich. Bei leisem Singen wird eher die Randschwingung aktiviert.

Registerwechsel

Der durch die Tonhöhe ausgelöste Registerwechsel kommt beim Singen häufig vor. Die genaue Höhe ist von der individuellen Stimme abhängig, jedoch lassen sich Tendenzen feststellen. Lässt man den Oktavunterschied zwischen Männer- und Kinderstimme beiseite, so liegt der Registerwechsel bei den meisten ungeübten Männer- und Kinderstimmen etwa im gleichen Bereich zwischen den Tönen h^1 und e^2. Auffallend ist, dass bei sehr vielen Frauen der

Wechsel bedeutend früher zwischen g^1 und c^2 einsetzt. Die Lage der Sprechstimme ist bei Kindern, Frauen und Männern ähnlich zwischen a und d^1, also im Bereich des Brustregisters.

Stimmregister

Vollschwingung der gesamten Stimmlippen	Schwingung der Randzone (Stimmband)
Brustregister	Kopfregister
Brust- oder Vollstimme	Kopf- oder Randstimme

Registerwechsel
zwischen g^1 und e^2

Sprechlage
zwischen a und d^1

Umfang und Lage der Kinderstimme

Ohne Schwierigkeiten können Kinder sehr hohe und sehr tiefe Geräusche und Töne mit ihrer Stimme produzieren und erreichen dabei wie Erwachsene etwa einen Umfang von zwei Oktaven. Dieser Stimmumfang kann jedoch für das Singen noch nicht genutzt werden. Die Tonvorstellung und damit die Produktion des Gesangstones gelingt im mittleren Bereich der Stimme leichter. Da es aber hohe und auch tiefe Kinderstimmen gibt, liegt auch der mittlere Stimmbereich individuell verschieden. Er besteht aus den höheren Tönen, die noch bequem mit der Bruststimme erreicht werden, und umfasst den Umfang von einer Quinte bis zu einer Oktave. Als Zentrum dieses Stimmbereichs kann bei Kindern der Tonabstand von d^1 bis a^1 angenommen werden.

Dieser Bereich wird beim Singen mit Kindern nach oben und unten erweitert, sodass auch der Registerwechsel geübt und damit die Stimmbandfunktion aktiviert wird. Kinderlieder sollten daher vor allem in der Oktave zwischen c^1 und c^2 liegen, wobei die Melodiespitzen eines Liedes durchaus einige Töne darunter oder darüber liegen können. Für den wichtigen mittleren Stimmbereich wird dadurch automatisch eine gleichmäßige Registermischung aus Vollschwingung der Stimmlippen und Randschwingung der Stimmbänder geübt.

Ziel des richtigen Stimmgebrauchs:
- *Beide Stimmregister verwenden können.*
- *Den Übergang zwischen den Registern fließend gestalten, indem bei tiefen Tönen die Randschwingung und bei höheren Tönen die Vollschwingung jeweils teilweise beteiligt sind.*
- *Gleichmäßige Registermischung für die mittlere Tonhöhenlage.*

B: Wie die Stimme funktioniert

Übungen

1 Singen Sie auf den Vokal „u" eine Sirene von Ihrem höchsten bis zu Ihrem tiefsten Ton. Achten Sie darauf, wann Ihre Stimme im mittleren Bereich den Registerwechsel von der Kopf- zur Bruststimme vollzieht. Meist kann der Registerwechsel als regelrechter Stimmknacks bemerkt werden.

2 Singen Sie die Tonleiter nach oben. Stellen Sie den Ton fest, an dem Ihre Stimme in das Kopfregister wechselt.

3 Hummelflug: Summen auf stimmhaftes „S" und dabei die Flugbewegungen einer Hummel nachahmen. Durch den schnellen aber gleitenden Tonhöhenwechsel wird der Registerübergang geübt.

4 Fahrstuhl: Ebenfalls auf Stimmhaftes „S" wird die Aufwärtsbewegung eines Fahrstuhls über vier Stockwerke dargestellt. Gehen Sie mit der Stimme gleichmäßig nach oben – halten Sie an drei beliebigen Stellen an und fahren Sie nach kurzer Pause bei der gleichen Tonhöhe fort. Der vierte Stock ist an der Grenze Ihres Tonumfangs. Von dort aus geht es ohne Pause gleichmäßig nach unten.

5 Autorennen: Werden Sie auf einem Ton auf stimmhaftes „s" oder „u" mit einem Atemzug lauter und wieder leiser; dabei wechseln Sie die Tonhöhe beliebig. Durch das Anschwellen wird das Brustregister, durch das Abschwellen das Kopfregister auf der gleichen Tonhöhe aktiviert.

6 Oktavschaukel: Singen sie Oktavsprünge mit Wechsel zwischen zwei Vokalen, z. B. o – a – o – a – o – a usw. Setzen Sie dabei nicht ab, sondern verbinden Sie die beiden Vokale fließend. Beginnen Sie in tiefer Lage und gehen Sie bei jeder Wiederholung einen Ton höher.

7 Untersuchen Sie die Lieder eines Liederbuches im Hinblick auf den Tonumfang.

Literaturhinweise

BAUM, G.: Abriss der Stimmphysiologie, Reihe Bausteine für Musikerziehung und Musikpflege, Schott Verlag, Mainz 1972.

MOHR, A.: Handbuch der Kinderstimmbildung, Schott Verlag, Mainz 1997.

MYER, B.: Vocal Basics, Der Weg vom Sprechen zum Singen, AMA Verlag, Brühl 1996.

NITSCHE, P.: Die Pflege der Kinder- und Jugendstimme, Reihe Bausteine für Musikerziehung und Musikpflege, Schott Verlag, Mainz 1970.

PETERMANN, G.: Stimmbildung und Stimmerziehung, Verlag Luchterhand, Neuwied 1996.

Teil C:

... wie man mit Kindergruppen arbeiten kann

1 Kinderlieder singen und spielen

Kinderlieder sind nicht nur zum Singen da. Für Kinder ist ein Lied immer dann besonders schön, wenn sie es ganzheitlich erleben können, das heißt, wenn es neben dem Singen weitere Aktivitäten gibt, die zu dem Lied ausgeübt werden können.

Solche Aktivitäten ergeben sich aus den *Spielideen*, die Kinderlieder enthalten und die aus den Liedern herausgelesen werden können. Spielideen sind sehr vielfältig und haben in jedem Lied andere Ausformungen. Es lassen sich jedoch vier grundlegende Spielideen unterscheiden, mit denen sehr viele Lieder zum Spiellied gemacht werden können.

Spielideen können sein:

- das Erfinden weiterer Strophen,
- das Darstellen von Geschichten,
- die Bewegung am Platz durch Ausführen von textbezogenen Gesten,
- die tänzerische Bewegung im Raum.

Natürlich können auch mehrere dieser Spielideen oder Mischformen in einem Lied enthalten sein.

C: Kinderlieder singen und spielen

Spiellieder sind also solche Lieder, in denen man eine Spielidee entdecken kann, sodass das gemeinsame Singen durch eine andere spielerische Aktivität ergänzt und bereichert wird.

Die Liedvermittlung

Wenn Kinder Lieder als Spiel erleben wollen, dann wollen sie sie auch spielend lernen. Vorsprechen – Nachsprechen und Vorsingen – Nachsingen haben mit dem Spielbedürfnis des Kindes nicht viel gemein. Wenn Kinder erst ein Lied „lernen" müssen, bevor sie zum Spielen kommen, dann ist bereits viel von der Faszination des ganzheitlichen Erlebnisses vertan. Spielen und Singen gehören von Anfang an zusammen; die Spielidee muss beim ersten Kontakt mit dem Lied zum Zuge kommen.

Die Liedvermittlung geht also von der Spielidee aus.

1.1   Spielidee: Strophenerfindung

Liedbeispiel 1 – Aus meinem Zauberkoffer

Zu dem Lied *Aus meinem Zauberkoffer* ist nur eine Strophe angegeben. Es fällt jedoch nicht schwer weitere Strophen zu ergänzen. Man braucht nur einen anderen Gegenstand oder ein Tier mit einem passenden Geräusch zu wählen und schon ergibt sich eine neue Strophe ohne einen Reim finden zu müssen.

Z. B.:   Aus meinem Zauberkoffer hört man laut ein   *muh*
         Aus meinem Zauberkoffer hört man laut ein   *tick-tick*

         In meinem Zauberkoffer, das ist wirklich wahr, da ist ne   *Kuh*
         In meinem Zauberkoffer, das ist wirklich wahr, da ist ne   *Uhr*

Lieder, die so aufgebaut sind, sind Strophen-Erfindungslieder. **Strophen-Erfindungslieder** *beruhen auf einem Textmodell, das in jeder Strophe gleich bleibt. Damit können neue Strophen gebildet werden ohne Reimwörter suchen zu müssen.*

Diese Spielidee gilt es bei der **Liedvermittlung** zu nutzen. Das Lied kann von Anfang an mit den Kindern entwickelt werden.

C: Kinderlieder singen und spielen

Liedbeispiel 1

Aus meinem Zauberkoffer

*T. u. M.: Detlev Jöcker, aus D. Jöcker: Seine schönsten Lieder;
Rechte: Verlag Menschenkinder, Münster 1995*

Strophenerfindung   C: Kinderlieder singen und spielen

Methodische Schritte der Liedvermittlung

Hinführung zur Liedsituation	Einen Koffer in die Mitte stellen. „In meinem Zauberkoffer ist etwas drin, was ein Geräusch macht."	
Vorsingen der ersten Strophe	Vorsingen der ersten beiden Zeilen. Fragen nach dem Gegenstand und raten lassen. Nach der richtigen Lösung weitersingen.	
Abschnittweise vor- und nachsingen	Einmal langsam zeilenweise vor- und nachsingen – nicht mehrfach üben.	
Zur Strophenerfindung anregen	„Was könnte noch im Zauberkoffer sein, was ein Geräusch macht? Denkt euch etwas aus, aber verratet es noch nicht." Ein Kind macht sein Geräusch vor. Die anderen raten den Gegenstand. Dann wird die Strophe gemeinsam gesungen. Dies wird so oft wiederholt, wie Ideen vorhanden sind.	
Klanggesten einbauen	Z. B. in den Pausen zweimal stampfen oder zu den Schlusszeilen klatschen.	
Evtl. weitere Spielideen umsetzen	Gegenstände suchen, die in den Koffer gelegt werden können.	

Methodische Schritte für die Vermittlung eines Strophen-Erfindungsliedes:

- In die Liedsituation einführen.
- Nur eine Strophe vorsingen.
- Einmal abschnittweise vor- und nachsingen; gemeinsam singen.
- Auf den Liedtext bezogen zur Strophenerfindung anregen; die geäußerten Ideen sofort aufgreifen und gemeinsam singen.
- Zur Abwechslung Klanggesten an bestimmten Liedstellen einbringen, z. B. Klatschen in den Pausen.
- Weitere Spielideen umsetzen.

Aufgaben

1. An welchen Merkmalen kann man erkennen, ob ein Lied die Spielidee Strophenerfindung enthält?
2. Suchen Sie aus einem Liederbuch Lieder mit der Spielidee Strophenerfindung heraus.
3. Wenden Sie die methodischen Schritte auf eines der gefundenen Lieder an.
4. Führen sie eine Liedvermittlung mit einem Strophenerfindungslied in Ihrer Lerngruppe oder in einer Praktikumsgruppe durch.

1.2 Spielidee: Geschichten darstellen

Liedbeispiel 2 – Papa Schlapp

Das Lied von Papa Schlapp erzählt eine kleine Geschichte mit einer fortlaufenden Handlung. Neben dem Papa Schlapp enthält die Geschichte mit dem Sonnenstrahl, der Mama Schlapp, dem Wecker und den Kindern noch weitere Rollen, die dargestellt werden können.

> Für die **Spielidee Geschichte darstellen** gilt: Das Darstellen der Geschichte ist immer dann möglich, wenn das Lied eine kontinuierliche Handlung erzählt, die mit mindestens zwei Personen spielbar ist.

Methodische Schritte der Liedvermittlung

Einführung in die Liedsituation	Eine Decke in der Mitte ausbreiten. Ein Kind als Papa Schlapp auswählen, das sich auf die Decke legt. Papa Schlapp schnarcht und die anderen tun so, als ob sie sich die Ohren zuhalten würden.
Einführung des Refrains	Refrain rhythmisch vor- und nachsprechen. Dazu Ohren gestisch zuhalten.
Erster Durchgang: Geschichte erzählen und spielen	Die Geschichte frei erzählen. Vor jeder Strophe werden die Rollen zugeteilt. Durch das Erzählen wird das Spiel der Kinder gelenkt. Immer wenn der Refrain in der Liedgeschichte vorkommt, wird er von allen gesprochen und mit Bewegung verdeutlicht.
Refrain einüben	Den Refrain vorsingen und gemeinsam singen.
Zweiter Durchgang: Mit neuer Rollenverteilung	Die Geschichte näher am Liedtext erzählen. Den Refrain immer, wenn er vorkommt, gemeinsam mit Bewegung singen.
Dritter Durchgang: Neue Rollenverteilung; singen und spielen	Die Strophen werden vorgesungen. Dabei im Tempo auf das Spiel der Kinder eingehen. Refrain gemeinsam singen. Bei weiteren Durchgängen singen die Kinder immer mehr Textstellen mit.
Vertiefung Evtl. am nächsten Tag	Für eine Vertiefung des Singens werden die Strophen jetzt ohne darstellendes Spiel gemeinsam geübt. Hierzu kann ein Begleitinstrument verwendet werden.

Liedbeispiel 2

Papa Schlapp

T. u. M.: Frederik Vahle, aus: Liederspatz; Rechte: Aktive Musikverlag, Dortmund

2. Und ein Sonnenstrahl und ein Sonnenstrahl
kitzelt seine Nase, kitzelt seine Nase.
Papa Schlapp, den stört das nicht,
weil er warm im Bettchen liegt.
Uijuijui aumannomann, was der laut schnarchen kann.

3. Da schleicht Mama Schlapp, da schleicht Mama Schlapp
schon zur Tür herein, schon zur Tür herein.
Streichelt ihn und stumpt ihn sacht,
das hat Schlapp nicht wach gemacht.
Uijuijui aumannomann, was der laut schnarchen kann.

4. Und der Wecker schrillt und der Wecker schrillt
Schlapp ins rechte Ohr, Schlapp ins rechte Ohr.
Schlapp denkt, ist der Wecker blöd,
als er sich zur Seite dreht.
Uijuijui aumannomann, was der laut schnarchen kann.

5. Doch die Kinder sind, doch die Kinder sind
längst schon aus dem Bett, längst schon aus dem Bett.
Kitzeln ihm Gesicht und Bauch
und die beiden Füße auch.
Uijuijui aumannomann, was der schnell aufstehn kann.

6. Und die Kinder schrein und die Kinder schrein:
jetzt ham wirs geschafft, jetzt ham wirs geschafft.
Papa Schlapp ist aufgewacht
hat mit dem Schnarchen Schluss gemacht.
Uijuijui aumannomann, was unsereins so kann!

C: Kinderlieder singen und spielen

Methodische Schritte *für die Vermittlung eines Geschichtenliedes:*

- *Hinführung mit dem Refrain: gemeinsames Sprechen, wenn möglich mit passender Bewegungsübung.*
- *Freies Erzählen der Liedgeschichte; gleichzeitiges Spiel der Kinder; Rollen erst vergeben, wenn sie vorkommen; Refraintext an den gleichen Stellen wie im Lied einfügen und gemeinsam sprechen.*
- *Zweiter Durchgang mit neuer Rollenverteilung; Refrain singen; nah am Liedtext erzählen.*
- *Dritter Durchgang mit neuer Rollenverteilung; singend erzählen.*
- *Bei weiteren Wiederholungen singen die Kinder allmählich immer mehr mit.*
- *Zur Festigung evtl. gemeinsam singen ohne darstellendes Spiel.*

Aufgaben

1. Welche Merkmale kennzeichnen ein Geschichtenlied?
2. Suchen Sie aus einem Liederbuch Lieder heraus, die das Darstellen einer Geschichte ermöglichen.
3. Erläutern Sie die methodischen Schritte der Vermittlung eines Geschichtenliedes.
4. Wenden Sie die methodischen Schritte auf ein selbst gewähltes Lied an.
   Führen Sie eine Liedvermittlung mit einem Geschichtenlied in Ihrer Lerngruppe oder in einer Praktikumsgruppe durch.

1.3 Spielidee: Gesten und Sitztanz

Liedbeispiel 3 – So groß wie ein Baum

Das Lied *So groß wie ein Baum* thematisiert Freundschaft in vier Strophen mit jeweils drei Bildern. Für jedes Bild kann eine Geste gefunden werden, die den Inhalt verdeutlicht. Im Ablauf des Liedes ergibt sich für jede Geste die gleiche Zeitdauer. Somit entsteht eine rhythmisch gegliederte Bewegung von der Art eines Sitztanzes.

*Für **Gestenlieder** gilt: Gesten sind Bewegungen, die mit Händen oder Füßen im Sitzen von allen Kindern gleichzeitig ausgeführt werden. Dies ist bei einem Lied dann möglich, wenn die einzelnen Strophen recht viele Aussagen enthalten und der ganze Inhalt mit den Händen erzählt – bzw. verdeutlicht – werden kann. Da die Gesten im rhythmischen Fluss des Liedes ausgeführt werden, entsteht eine Art Sitztanz.*

In der **Liedvermittlung** ermöglichen die Gesten einen leichteren Einstieg, denn die Beteiligung an der Bewegung ist direkter möglich als die Beteiligung am Singen. Zudem sind sie eine Hilfe für das Textgedächtnis.

Liedbeispiel 3

So groß wie ein Baum

T.: Reinhard Feuersträter, M.: Reinhard Horn; aus: Bärenstark;
Rechte: Kontakte Musikverlag, Lippstadt

2. So weit wie das Meer,
so hoch wie ein Haus,
so hell wie ein Stern,
so soll unsre Freundschaft sein.

3. So bunt wie das Bild,
so breit wie der See,
so schön wie der Wald,
so soll unsre Freundschaft sein.

4. So lang wie die Zeit,
so frei wie der Wind,
so froh wie ein Lied,
so soll unsre Freundschaft sein.

C: Kinderlieder singen und spielen

Gestenlied:

Methodische Schritte der Liedvermittlung

Einführung in die Liedsituation	Im Sitzkreis an den Händen halten. Den Text der letzten Zeile vor- und nachsingen. Das Fassen an den Händen wird auch im Folgenden als Geste zur letzten Liedzeile ausgeführt.
Strophen mit Gesten vorsingen	Die ersten beiden Strophen werden mit Gesten vorgesungen. Die Gruppe steigt bei der letzten Zeile ein. In der Wiederholung der Strophe führen die Kinder die Gesten aus und singen teilweise mit.
Gesten finden	Zum Text der dritten und vierten Strophe schlagen die Kinder Gesten vor. Die Strophen werden gemeinsam mit Gesten gesprochen und gesungen.
Gemeinsame Texterinnerung	Der Inhalt einer Strophe wird im Gespräch zusammengestellt. Eventuell die Gesten als Erinnerungshilfe einsetzen. Gleich anschließend die Strophe gemeinsam singen.
Inneres Singen	Zu einer Strophe nur die Gesten ausführen und das Lied innerlich mitsingen.
Ganzes Lied	Das ganze Lied mit Gesten singen. Eventuell kann nun ein Begleitinstrument verwendet werden.

Methodische Schritte für die Vermittlung eines Gestenliedes:

- Hinführung durch den Refrain: Sprechen bzw. Singen mit Gesten.
- Mehrere Strophen mit Gesten vorsingen; Gruppe beteiligt sich mit Gesten und singt beim Refrain mit.
- Gemeinsame Texterinnerung: Inhalte einer Strophe im Gespräch zusammentragen und sofort anschließend gemeinsam singen.
- Zu noch unbekannten Strophen Gesten vormachen und die Kinder den Inhalt fantasieren lassen, oder den Text vorsprechen und mit den Kindern gemeinsam Gesten finden.
- Lied zusammenhängend mit Gesten singen.
- Weitere Möglichkeiten: inneres Singen, Rätselspiel.

Aufgaben

1. Welche Merkmale kennzeichnen ein Gestenlied?
2. Suchen Sie aus einem Liederbuch Gestenlieder heraus.
3. Erläutern Sie die grundsätzlichen methodischen Schritte für die Vermittlung eines Gestenliedes.
4. Wenden Sie die methodischen Schritte auf ein selbst gewähltes Lied an.
5. Führen Sie eine Liedvermittlung mit einem Gestenlied in Ihrer Lerngruppe oder in einer Praktikumsgruppe durch.

1.4 Spielidee: Bewegung und Tanz

Liedbeispiel 4 – Wenn der Elefant in die Disco geht

Das Lied „Wenn der Elefant in die Disco geht" lädt dazu ein die angesprochenen Bewegungen mit der ganzen Kindergruppe umzusetzen. Das Lied zu singen ohne sich zu bewegen entspräche nicht seiner erzählten Handlung. Es sind drei Liedteile, die die Bewegung in mehrere Teile gliedern.

Liedteil	Bewegungsform
Wenn der Elefant in die Disco geht,	Die Gruppe steht im Kreis und nimmt die Haltung des entsprechenden Tieres ein.
weißt du, wie er sich auf der Tanzfläche dreht?	Am Platz um sich selbst drehen.
Ganz gemütlich setzt er einen vor den andern Schuh und schwingt seinen Rüssel im Takt dazu.	Die Bewegungen zum Text ausführen.
Eins, zwei, drei und vier, der	An den Händen haltend in Tanzrichtung gehen.
Elefant ruft: Komm und tanz mit mir.	Am Platz jemanden mit beiden Händen zu sich winken.
Fünf, sechs, sieben, acht und	Durchgefasst in Tanzrichtung gehen.
alle haben mitgemacht	Am Platz um sich selbst drehen.

*Für die **Spielidee tänzerische Bewegung** gilt: Tänzerische Bewegung ist eine Bewegung im Raum, an der alle Kinder gleichzeitig teilhaben. Dies ist dann möglich, wenn der Liedtext Bewegung anregt, wobei verschiedene Liedteile verschiedene Bewegungsformen ermöglichen sollen. Je nach Lied können die Bewegungsteile unterschiedlich genau verabredet werden: von der allgemeinen Bewegungsidee bis zur konkreten Schrittfolge. Das Lied erhält erst durch die Bewegung seinen eigentlichen Sinn.*

Wenn die **Liedvermittlung** von der Spielidee *Bewegung* ausgeht, dann heißt das, dass die Gruppe sich nicht etwa im Stuhlkreis, sondern im Bewegungsraum ohne Stühle befindet.

C: Kinderlieder singen und spielen

Liedbeispiel 4

Wenn der Elefant in die Disco geht

T.u.M.: Klaus W. Hoffmann, aus: K. W. Hoffmann: Wenn der Elefant in die Disco geht; Rechte: Ravensburger Buchverlag, Ravensburg

2. Wenn der Bär in die Disco geht,
weißt du, wie er sich auf der Tanzfläche dreht?
Die Vordertatzen hebt er und brummt ganz leis
und dreht sich langsam um sich selbst im Kreis.
Eins, zwei, drei ....

3. Wenn der Affe in die Disco geht,
weißt du, wie er sich auf der Tanzfläche dreht?
Er baumelt mit den Armen und hüpft ein Stück
nach links und nach rechts, vor und wieder zurück.
Eins, zwei, drei ....

C: Kinderlieder singen und spielen

Methodische Schritte der Liedvermittlung

Einführung in die Liedsituation	Stehend im Kreis. In der Tieredisco gibt es Elefanten, Bären und Affen. Gemeinsam wie die entsprechenden Tiere bewegen.
Refrain mit Bewegung einführen	Text sprechen und die Bewegung dazu vormachen. Mit der Gruppe wiederholen und üben. Dabei vom Sprechen zum Singen übergehen.
Strophen mit Bewegung einführen	Die Liedsituation erzählen und dabei die Bewegung vormachen, z. B.: „Der Elefant dreht sich erst um sich selbst, dann setzt er einen vor den andern Schuh und schwingt noch seinen Rüssel." Gemeinsam die Bewegung wiederholen; dabei allmählich den genauen Liedtext verwenden und zum Singen übergehen. Nach jeder Strophe den Refrain wiederholen.
Tanzablauf	Ablauf von Strophe und Refrain gemeinsam tanzen. Allmählich werden die Kinder immer mehr Textteile mitsingen.
Festigung	Zur Festigung werden die Strophen ohne Bewegung gesungen. Dazu kann ein Begleitinstrument verwendet werden.

Natürlich sind Tanzlieder recht verschieden und dementsprechend unterschiedlich sollte die Lied- und Tanzvermittlung aufgebaut werden. Dennoch können wir auch hier grundsätzliche methodische Schritte zusammenfassen, an denen wir uns bei der Vermittlung von Tanzliedern orientieren können:

Methodische Schritte für die Vermittlung von Tanzliedern:

- *Hinführung mit dem Refrain: Bewegungsübung und Singen.*
- *Bewegungsübungen zu den verschiedenen Liedteilen; dabei in die Spielsituation des Liedes einführen ohne langes Erklären; Teile der Liedmelodie dazu auf Klangsilben singen oder auch Teile des Liedtextes rhythmisch sprechen; dazwischen den Refrain immer wiederholen.*
- *Zusammenführung der einzelnen Teile gemäß des Liedablaufs ohne weitere Erläuterungen; Sie singen zunächst alleine, allmählich singen die Kinder immer mehr Textteile mit.*
- *Festigung des Singens ohne Bewegung, evtl. mit Begleitinstrument.*

Aufgaben

1. Welche Merkmale kennzeichnen ein Tanz- und Bewegungslied?
2. Suchen Sie aus einem Liederbuch Lieder heraus, die die Spielidee *tänzerische Bewegung* ermöglichen.
3. Erläutern Sie die grundsätzlichen methodischen Schritte, an denen wir uns bei der Vermittlung eines Tanz- und Bewegungsliedes orientieren können.
4. Wenden Sie die methodischen Schritte auf ein selbst gewähltes Lied an.
5. Führen Sie eine Liedvermittlung mit einem Tanz- und Bewegungslied in Ihrer Lerngruppe oder in einer Praktikumsgruppe durch.

1.5 Textunabhängige Spielanregungen

In der Fachliteratur zur Liedvermittlung wird übereinstimmend betont, dass es keine allgemein gültige Methode und auch kein starres Schema für die Liedvermittlung gibt. Dementsprechend wollen die hier besprochenen Spielideen auch nicht als Schema, sondern als Orientierungsrahmen verstanden sein. Bei vielen Liedern sind Spielideen nicht in einer so klaren Form ersichtlich wie in den hier ausgewählten Liedbeispielen. Es ist auch möglich, dass man sich nicht so leicht entscheiden kann, ob diese oder eine andere Spielidee dominiert, da Merkmale mehrerer Spielideen zu erkennen sind. So muss jedes Lied individuell betrachtet und überlegt werden, welcher methodische Weg der richtige ist.

Bei manchen Liedern fällt jedoch das Auswählen eines geeigneten Spiels nicht leicht. Das sind solche Lieder, in deren Text zu wenig Spielerisches steckt, die also nicht zu Spielliedern gemacht werden können. Obwohl solche Lieder weniger kindgemäß sind, können sie nicht einfach ausgeschlossen werden. In der Praxis kommen sicherlich genügend Situationen vor, in denen ein Lied wegen seines zum Thema passenden Textes oder wegen seiner besonders schönen Melodie unbedingt eingeführt werden soll.

Auch wenn sich aus dem Liedinhalt kein Spiel erschließt, soll der Grundsatz des Spiels für die Liedvermittlung maßgebend sein.

Unabhängig vom Text können mit jeder Liedmelodie einfache Spiele gestaltet werden. Dazu wird die Melodie entweder auf einem Instrument gespielt oder auf Klangsilben gesungen, aber noch nicht mit dem Liedtext.

Spiele zur Liedmelodie

- Während die Kinderpflegerin die Melodie spielt, gehen die Kinder frei durch den Raum. Wenn sie unterbricht, bleiben die Kinder sofort stehen, bis sie weiterspielt.
- Es werden Reifen im Raum ausgelegt. Während des Liedes gehen die Kinder wieder frei im Raum. Mit dem Schluss der Liedstrophe sollen sich die Kinder in einen Reifen setzen. Mit mehrfacher Wiederholung der Übung sollen die Kinder den Schluss immer besser voraushören und sich möglichst genau beim Erklingen des Schlusstons setzen.
- Ein Kind trägt in der Kreismitte eine Kerze oder es balanciert einen Luftballon und gibt ihn zum Liedende an ein anderes Kind weiter.
- Die Kinderpflegerin spielt die Melodie und die Kinder summen leise mit. Wenn sie aufhört, summen die Kinder alleine weiter – so weit wie sie kommen, dann hilft die Kinderpflegerin weiter.
- Während des Vorspielens denken sich die Kinder einen Weg im Raum aus, den sie dann bei den folgenden Wiederholungen nacheinander gehen.
- Die Kinder bewegen sich frei zur vorgespielten Melodie. Einige Kinder machen Ihre Bewegungsform vor und die anderen imitieren.
- Zur vorgespielten Melodie legen die Kinder mit Bausteinen oder Hölzchen in der Kreismitte ein gemeinsames Fantasiebild, indem sie nacheinander ihren Stein anlegen.
- Die Kinder malen die gehörte Melodie als Weg auf ihr Blatt. Bei Wiederholungen fahren sie diesen Weg mehrfach nach.

All diese spielerischen Übungen dienen dazu den Kindern die Liedmelodie bekannt zu machen und sie zum aufmerksamen Zuhören zu motivieren. Sie haben zudem meditativen Charakter und führen die Gruppe zur Stille. Der Text kommt dann erst im zweiten Schritt und vertieft das bisherige musikalische Erlebnis.

Die Vor- und Nachsingmethode als Echospiel

Auch die Vor- und Nachsingmethode kann spielerisch erfolgen und musikalisch sinnvoll sein. Der Liedtext wird zeilenweise rhythmisch vorgesprochen und die Gruppe wiederholt sofort ebenfalls rhythmisch. Dabei muss die Spielregel eingehalten werden: Wenn die Kinderpflegerin spricht, spricht sie alleine und die Kinder hören zu, um den Text richtig zu erfassen. Wer meint, dass er den Text bereits kann, muss sich trotzdem gedulden. Zur Verdeutlichung kann man während des Vorsprechens auf sich und während der Wiederholung auf die Gruppe deuten. Genauso verfährt man beim Vor- und Nachsingen. Ob ein Text zunächst gesprochen oder sofort gesungen werden kann, hängt vom Lied ab. Wenn dieses Echospiel richtig durchgeführt wird, so entsteht ein rhythmischer Wechselgesang zwischen dem Solo der Leiterin und dem gemeinsamen Singen der Gruppe. Dies ist bereits eine musikalisch reizvolle Form. Wenn die Leiterin ein Begleitinstrument spielt, so kann sie beim Singen zusätzlich die Wiederholungen begleiten. Damit klingt ein Echospiel so gut wie ein eingeübtes Lied, was sich auf die Motivation der Kinder auswirken wird.

Anfertigung eines Wandbildes

Eine spielerische Erweiterung ist es auch, wenn man die Kinder auffordert, zu einer beliebigen Stelle aus dem Lied ein Bild zu malen. Die Bilder werden dann gemäß des Liedablaufs aneinander gereiht und aufgehängt. So entsteht ein Wandbild, das das Singen begleitet.

Malen mit Musik

Spielideen, die sich nicht aus dem Liedtext ergeben, sind:
- spielerische Übungen zum Hören der auf einem Instrument vorgespielten Liedmelodie,
- das Echospiel als Wechselgesang zwischen Erzieherin und Gruppe im rhythmischen Fluss,
- die Anfertigung eines Wandbildes.

Aufgaben

1. Welchen Stellenwert haben die durch den Liedtext ausgelösten Spielideen für die Praxis der Liedvermittlung?
2. Mit welchen Methoden können wir auch bei Liedern ohne Spielidee die Liedvermittlung spielerisch gestalten?
3. Suchen Sie aus einem Liederbuch Kinderlieder, zu deren Inhalt Ihnen keine Spielidee einfällt und überlegen Sie, welche Methoden Sie bei der Liedvermittlung anwenden würden.
4. Führen Sie eine Liedvermittlung mit einem dieser Liedbeispiele in Ihrer Lerngruppe oder in einer Praktikumsgruppe durch.

C: Kinderlieder singen und spielen

1.6 Rhythmische Begleitung von Kinderliedern

Die Kinder haben ein Lied ausgehend von der Spielidee gut kennen gelernt und schon oft gespielt. Sie können es durch diese häufigen Wiederholungen nun auch sicher singen. Darauf aufbauend kann mit der rhythmischen Begleitung ein weiteres musikalisches Erlebnis vermittelt werden, das das Lied von Neuem interessant macht. Dabei bleibt die bisherige Spielidee beiseite. Sie wird durch die rhythmische Begleitung ersetzt.

Aufbau einer rhythmischen Begleitung

Der Aufbau einer rhythmischen Liedbegleitung orientiert sich an der Gliederung des Liedes. In der Regel werden zwei bis drei Instrumentengruppen gebildet. Jede Gruppe erhält eine rhythmische Aufgabe, z. B. die Begleitung einer bestimmten Liedzeile oder eines Liedteiles. Die Instrumente werden dabei grundsätzlich in einheitlichen Klanggruppen eingesetzt, damit die verschiedenen Gruppen sich klanglich klar voneinander absetzen. Dafür ist es erforderlich von einer Instrumentenart jeweils mehrere Instrumente zur Verfügung zu haben.

Dadurch führt die Liedbegleitung nicht nur zu einem befriedigenden Klangergebnis, sondern hilft dem Kind die Liedgliederung unbewusst mitzuvollziehen und trägt durch das Gestaltungserlebnis zu rhythmischer Sicherheit bei.

Liedbeispiel – Wenn der Elefant in die Disco geht

Das Begleit-Arrangement

Wie aus dem Notenbild ersichtlich, ist die Begleitung für zwei Instrumentengruppen gedacht: Handtrommel und Rassel. Die beiden Gruppen spielen im Wechsel. Jede Gruppe begleitet eine Liedzeile von zwei Takten. Die Gruppen verwenden dabei verschiedene Rhythmen:

Handtrommel	in Halben
Rassel	in Vierteln

Diese Aufteilung bleibt in Strophe und Refrain gleich.

Es ist aber auch möglich vier Gruppen zu bilden. In diesem Fall werden im Refrain zwei andere Instrumentengruppen eingesetzt.

> Die **Begleitidee für dieses Lied** ist die Aufteilung in Liedzeilen und die Begleitung der Liedzeilen mit zwei verschiedenen Instrumenten in verschiedenen Notenwerten.

C: Kinderlieder singen und spielen

Liedbeispiel 5

Wenn der Elefant in die Disco geht

T.u.M.: Klaus W. Hoffmann, aus: K. W. Hoffmann: Wenn der Elefant in die Disco geht; Rechte: Ravensburger Buchverlag, Ravensburg

C: Kinderlieder singen und spielen

Methodische Schritte bei der Vermittlung der Begleitung

In der Einstudierung der Begleitung wird den Kindern dieser Aufbau nicht vorweg erklärt. Vielmehr werden die einzelnen Begleitrhythmen zunächst mit Klanggesten erarbeitet. Daraus ergibt sich später die Gruppenaufteilung.

Für die folgenden methodischen Schritte ist die Voraussetzung, dass die Gruppe das Lied bereits gut kennt und mehrfach gesungen und getanzt hat.

Erste Klanggeste zum Refrain	Refrain singen und die Handtrommel-Begleitung mit Patschen vormachen und gemeinsam spielen. Die zweite und vierte Refrainzeile bleibt unbegleitet.
Zweite Klanggeste zum Refrain	Zusätzlich zum Patschen wird die Rasselbegleitung mit Klatschen ausgeführt. Nichts erklären, sondern nur vor- und nachmachen.
Beide Klanggesten zur Strophe	Da der Ablauf in der Strophe der gleiche ist, können nun beide Klanggesten zur Strophe gespielt werden.
Bilden von Klanggestengruppen	Aufteilung in zwei Gruppen: Die eine Gruppe begleitet nur die Patschstellen, die andere die Klatschstellen.
Zuordnung von Instrumenten	Die Patschgruppe erhält Handtrommeln, die Klatschgruppe erhält Rasseln – begleiten aller Strophen.

Grundsätzlich muss die Leiterin dabei Folgendes beachten:
- Sie muss ohne lange Erklärung vorspielen und in der Wiederholung mit der Gruppe mitspielen.
- Sie muss den Blickkontakt zur ganzen Gruppe ständig aufrechterhalten.
- Bei der Aufteilung in Untergruppen muss sie sich jeder Gruppe bei ihrem Einsatz zuwenden und in der entsprechen Klanggeste mitspielen.

Liedbeispiel – So groß wie ein Baum

Das Begleit-Arrangement
Der Hauptteil der Begleitung wird von drei Instrumentengruppen gespielt. Eine vierte Gruppe kann eine Zusatzaufgabe erhalten.

Die Liedstrophe besteht aus vier Zeilen. Die ersten drei Zeilen werden von drei Gruppen (Handtrommeln, Rasseln und Klangstäben) nacheinander im Liedrhythmus begleitet. Die vierte Zeile begleiten alle Gruppen zusammen, ebenfalls im Liedrhythmus. Dabei ist es leichter und es klingt auch besser, wenn die Auftakte, d. h. hier jeweils das erste Wort der Liedzeile, nicht mitgespielt werden.

C: Kinderlieder singen und spielen

Liedbeispiel 6

So groß wie ein Baum

*T.: Reinhard Feuersträter, M.: Reinhard Horn; aus: Bärenstark;
Rechte: Kontakte Musikverlag, Lippstadt*

Die Zusatzaufgabe ist das Ausfüllen der Pausen nach jeder Liedzeile mit zwei Viertelschlägen. Dies kann von einer kleinen Gruppe mit Schellenkränzen übernommen werden.

Die **Begleitidee für dieses Lied** ist die Aufteilung in Liedzeilen und die Begleitung der Liedzeilen mit drei verschiedenen Instrumenten im Liedrhythmus sowie das Ausfüllen der Pausen.

C: Kinderlieder singen und spielen

Methodische Schritte bei der Vermittlung der Begleitung

Erste Klanggeste	Die erste Strophe singen und dazu im Liedrhythmus stampfen. Dabei die Auftakte weglassen. Mit der Gruppe wiederholen.
Zweite Klanggeste	Wie oben mit Patschen.
Dritte Klanggeste	Wie oben mit Klatschen.
Klanggesten kombinieren	Alle drei Klanggesten werden in einer Strophe verwendet: 1. Zeile stampfen, 2. Zeile patschen, 3. und 4. Zeile klatschen.
Bilden von Klanggestengruppen	Aufteilung in drei Gruppen: Die ersten drei Zeilen begleiten die Gruppen nacheinander, die vierte Zeile begleiten alle zusammen.
Zuordnung von Instrumenten	Die Stampfgruppe erhält Handtrommeln, die Patschgruppe erhält Rasseln, die Klatschgruppe erhält Klangstäbe. Begleiten aller Strophen.
Zusatzaufgabe	Die Leiterin füllt beim gemeinsamen Spiel die Pausen mit dem Schellenkranz aus. Sie wählt zwei rhythmisch sichere Kinder aus, die diese Aufgabe übernehmen.

Grundsätzlich muss die Leiterin dabei Folgendes beachten:

- Sie muss ohne lange Erklärung vorspielen und in der Wiederholung mit der Gruppe mitspielen.
- Sie muss den Blickkontakt zur ganzen Gruppe ständig aufrechterhalten.
- Bei der Aufteilung in Untergruppen muss sie sich jeder Gruppe bei ihrem Einsatz zuwenden und in der entsprechenden Klanggeste mitspielen.

Begleitideen für die rhythmische Liedbegleitung:
- *Verschiedene Liedteile mit verschiedenen Instrumentengruppen begleiten.*
- *Begleiten in unterschiedlichen Notenwerten: in Vierteln, in Halben, in Ganzen, im Liedrhythmus.*
- *Ausfüllen von Pausen.*

Methodische Schritte für die Vermittlung einer rhythmischen Liedbegleitung:
- *Alle rhythmischen Aufgaben mit verschiedenen Klanggesten mit der ganzen Gruppe üben.*
- *Die Gruppe in Klanggestengruppen aufteilen.*
- *Entsprechend der Klanggestengruppen Instrumente verteilen.*

C: Kinderlieder singen und spielen

Aufgaben

1. Entwickeln Sie Begleitideen für die anderen Liedbeispiele dieses Kapitels.
2. Schreiben Sie Ihre Begleitideen in Noten auf.
3. Wenden Sie für diese Lieder die methodischen Schritte für die Vermittlung an.
4. Entwickeln Sie in Kleingruppen rhythmische Begleit-Arrangements zu verschiedenen Liedern aus einem Liederbuch.
5. Studieren Sie diese Begleit-Arrangements mit der ganzen Klasse ein.
6. Führen Sie eine rhythmische Liedbegleitung mit einer Kindergruppe durch.

1.7 Ziele der Liedvermittlung

Ein Kinderlied ist für das Kind ein Spielinhalt. Darin sind Musik und Spiel als untrennbare Teile enthalten. Ein Lied singen zu können, ist somit nur ein Aspekt aller Absichten, die mit einer Liedvermittlung zu verfolgen sind. Lieder sollen für Kinder zu einem ganzheitlichen Erlebnis werden. Wichtig ist in erster Linie, dass die Kinder ein Lied lustvoll erleben und Freude an dem spielenden Umgang mit Liedern entwickeln. Darüber hinaus werden musikalische und allgemeine Fähigkeiten gefördert.

Die musikalischen und pädagogischen Ziele

1. Befriedigung des Grundbedürfnisses nach Erprobung der Stimme und Gesang.
2. Förderung aller Stimmfunktionen der Sing- und der Sprechstimme.
3. Befriedigung des Grundbedürfnisses nach Bewegung.
4. Förderung der Grobmotorik und der rhythmischen Bewegungsfähigkeit.
5. Förderung der Sprachentwicklung und Übung der Hochsprache.
6. Förderung von Konzentration und Gedächtnis.
7. Förderung der Vorstellungsfähigkeit und der Fantasie.
8. Vertiefung vorher besprochener Erkenntnisse und Verhaltensweisen.
9. Förderung des Rhythmusgefühls.
10. Förderung der Kontaktfähigkeit durch die Spielaktivität.
11. Förderung des Gemeinschaftsgefühls.
12. Förderung des Selbstbewusstseins.

Aufgabe

1. Übertragen Sie die übergeordneten Ziele der Liedvermittlung auf eines der erarbeiteten Liedbeispiele. Überlegen Sie, welche der Ziele hier besonders zutreffen und konkretisieren Sie diese.

C: Kinderlieder singen und spielen

Literaturhinweise

GROSSE-JÄGER, H.: Freude an Musik gewinnen, Herder Verlag, Freiburg 1983.

GROSSE-JÄGER, H.: Mein Wagen hat vier Räder – Singen im Kindergarten, Fidula Verlag, Boppard 1985.

KREUSCH-JACOB, D.: Musikerziehung, Don Bosco Verlag, München 1995, Kapitel: Stimme, Sprache, Lieder, S. 19–68.

MUSIKPRAXIS, Arbeitshilfen für Musik in Kindergarten und Grundschule, Zeitschrift vierteljährlich, Fidula Verlag, Boppard. In jedem Heft finden sich zwei bis drei Liedbeispiele mit guten methodischen Anregungen.

Kinderliederbücher

Das Angebot an Ausgaben mit traditionellen und neuen Kinderliedern ist nahezu unübersehbar. Die folgende Liste ist lediglich eine Auswahl, in die vor allem Sammelbände der wichtigsten Autoren und Verlage aufgenommen wurden. Fast jeder genannte Autor und Verlag bietet eine Vielzahl weiterer Bücher und Hefte an.

EDELKÖTTER, L.: Weil du mich so magst, Verlag Impulse, Drensteinfurt.

HOFFMANN W.: Wie kommt die Maus in die Posaune, Verlag Aktive Musik, Dortmund 1989.

JEHN, M. UND W.: Kinderspiele aus aller Welt, Verlag Eres, Lilienthal Bremen o.J.

JÖCKER, D.: Seine schönsten Lieder, Verlag Menschenkinder, Münster 1995.

KRENZER, R.: Meine schönsten Lieder Band 1 und 2, Verlag Herder, Freiburg 1989, 1990.

KREUSCH-JAKOB, D.: Das Liedmobil, Verlag Ellermann, München 1989.

LEMMERMANN, H.: Die Sonnenblume, Die Zugabe, Bd. 4, Verlag Fidula, Boppard/Rhein 1992.

NEUHAUS, K.: Dackel Wackel Tanz, Verlag Aktive Musik, Dortmund 1989.

ROSIN, V.: Itzibitz die Liedermaus, Don Bosco Verlag, München 1991.

SPODE, W.: Die Wundertüte, Verlag Fidula, Boppard/Rhein 1993.

VAHLE, F.: Liederspatz, Verlag Pläne, Dortmund 1982.

2   Geschichten mit Instrumenten gestalten

Das Gestalten von Geschichten mit Klängen erfreut sich immer größerer Beliebtheit. In den meisten Kindergärten ist es nach dem Singen zur am häufigsten praktizierten musikalischen Aktionsform geworden. Es hat somit nach dem allmählichen Beginn ab den siebziger Jahren einen festen Platz in der elementaren Musikerziehung eingenommen.

Im Vergleich zum Singen und Begleiten von Liedern liegt beim Gestalten von Geschichten der Schwerpunkt nicht auf Melodien und Rhythmen, sondern auf klanglichen Abläufen. Dadurch sind keinerlei musikalische Vorkenntnisse erforderlich. Dies wiederum hat zur Folge, dass bei dem Entstehen von klingenden Geschichten die Kinder stärker als bei der Vermittlung eines Liedes oder einer Begleitung beteiligt werden können.

Geschichten mit Instrumenten gestalten

Die dabei verwendeten Instrumente beschränken sich nicht auf Musikinstrumente im engeren Sinne. Sie umfassen selbst gebaute Instrumente und Alltagsgegenstände ebenso wie die menschliche Stimme und das elementare Instrumentarium mit den Orff'schen Instrumenten.

2.1   Eignung von Texten

Nicht jede schöne, gefühlvolle oder spannende Geschichte ist für eine Verklanglichung geeignet. Die Handlung muss Aspekte enthalten, die in Klänge und klangliche Abläufe umgesetzt werden können.

Für eine Verklanglichung eignen sich folgende Handlungsaspekte:

Geräusche – Bewegungen – Stimmungen – Gefühle – Leitmotive

Geräusche	drücken aus, was man hören kann. **Beispiele:** Eine Tür schlägt zu ... Es beginnt zu regnen ... Ein Vogel pfeift ...
Bewegungen	können mit Geräuschen verbunden sein. Aber auch geräuschlose Bewegungen können gut mit Klängen verdeutlicht werden. **Beispiele:** Die Hexe fliegt auf ihrem Besen ... Die Frösche hüpfen ... Der Schwan gleitet über das Wasser ...
Stimmungen	drücken häufig die Beschreibung einer Situation aus, die mit Klängen vermittelt werden kann. **Beispiele:** Die Sterne glänzen am Himmel ... Es ist eisig kalt ... Das Nest war weich und warm ...
Gefühle	die die handelnden Figuren erleben, können in Klängen dargestellt werden. **Beispiele:** Sie bibberten vor Angst ... Er war vergnügt und fröhlich ... Sie waren traurig und konnten nicht mehr sprechen ...
Leitmotive	können den handelnden Figuren mit einem bestimmten Instrument und einer bestimmten Spielweise zugeordnet werden. **Beispiele:** Hase: schnelles, unregelmäßiges Spiel auf Bongos Elefant: langsames Spiel auf Pauke oder tiefer Handtrommel Vogel: unregelmäßiges Spiel auf Triangel oder Lotosflöte Die Leitmotive passen sich im Verlauf der Geschichte der jeweiligen Situation an.

Eine Geschichte muss nicht alle diese Aspekte enthalten um für eine Verklanglichung geeignet zu sein. Sie sollte jedoch mehrere Anlässe bieten um auf der Grundlage eines oder mehrerer der beschriebenen Aspekte Klänge einzubringen.

C: Geschichten mit Instrumenten gestalten

Für die Eignung eines Textes gibt es noch einige weitere beachtenswerte Gesichtspunkte. Sehr gut eignen sich Geschichten, die nicht zu lange sind, damit die Klänge ausreichend Platz erhalten können. Fortlaufende Handlungen lassen sich am besten umsetzen, wenn sie nicht durch längere Beschreibungen unterbrochen werden. Auch längere wörtliche Reden sind ungünstig. Günstig sind hingegen Stellen, die von mehreren Kindern gemeinsam mit gleichen Instrumenten gespielt werden können.

Zusammenfassend kann die Eignung einer Geschichte durch folgenden Fragenkatalog überprüft werden.

Fragenkatalog für die Eignung einer Klanggeschichte

Je mehr der folgenden Fragen mit „Ja" beantwortet werden können, desto stärker ist die Geschichte für eine Verklanglichung geeignet.

- Erzählt der Text eine fortlaufende Handlung?
- Wird auf die Beschreibung von Personen oder Alltäglichem verzichtet oder beschränkt sie sich auf ein Minimum?
- Ist der langsam vorgelesene Text kürzer als eineinhalb Minuten?
- Enthält der Text keine längeren wörtlichen Reden?
- Enthält die Geschichte Geräusche, die klanglich dargestellt werden können?
- Enthält die Geschichte Bewegungen, die klanglich umgesetzt werden können?
- Enthält die Geschichte Stimmungen, die mit Klängen ausgedrückt werden können?
- Enthält die Geschichte Gefühle der handelnden Figuren, die klanglich dargestellt werden können?
- Enthält die Geschichte handelnde Figuren, denen Leitmotive zugeordnet werden können?
- Enthält die Geschichte Stellen, die von mehreren Kindern gemeinsam gespielt werden können?

Bei der Durchführung einer Klanggeschichte ist das methodische Vorgehen von der Erfahrung der Gruppe und der Kinderpflegerin und den damit verbundenen musikalischen und pädagogischen Absichten abhängig.

In den folgenden Abschnitten werden unterschiedliche methodische Vorgehensweisen anhand von Beispielen vorgestellt.

Aufgaben

1. Erläutern Sie die Aspekte einer Geschichte, die klanglich umgesetzt werden können.
2. Überprüfen Sie die Eignung einer von Ihnen ausgewählten Geschichte mithilfe des Fragenkataloges.

C: Geschichten mit Instrumenten gestalten

2.2 Eine vorgegebene Gestaltung einüben

Frühling im Gebirge

Elisabeth Wagner, aus: Quacki der kleine freche Frosch; Rechte: Don Bosco Verlag, München 1990

Es war April. Die Sonne beschien mit ihren warmen Strahlen die schneebedeckten Berggipfel.	Glockenspiel	Langsames Glissandospiel auf und ab
Die Wärme spürten auch die Murmeltiere. Sie krochen aus ihren Höhlen und spielten im weichen Schnee.	Mehrere Handtrommeln	Unregelmäßiges Spiel mit Händen oder weichen Schlägeln
Die Schneemaus trippelte in ihren Schneegängen und fraß die frischen, gelben Blumenzwiebeln, die ihr besonders gut schmeckten.	Klangstäbe	Schnelle „trippelnde" Schläge
Die Gämsen liefen über die Schneefelder und kletterten auf die höchsten Felsvorsprünge.	Mehrere Wooden Agogos oder Holzrohrtrommeln	Unregelmäßiges Spiel, langsam und schnell
Ein Adler zog hoch am Himmel seine Kreise.	Hängendes Becken; Triangel	Weiche, lang klingende Schläge; am Rand streichen
Plötzlich hörten die Tiere ein Krachen und Rauschen. Eine Lawine hatte sich vom Berg gelöst und donnerte übers Schneefeld.	Pauken oder Handtrommeln	Wirbel mit zwei Schlägeln

C: Geschichten mit Instrumenten gestalten

Schnell verkrochen sich die Murmeltiere wieder in ihre Höhlen.	Mehrere Handtrommeln	Schnelles Spiel mit Händen oder weichen Schlägeln
Die Gämsen brachten sich in Sicherheit.	Mehrere Wooden Agogos oder Holzrohrtrommeln	Durchgehend schnelles und hektisches Spiel
Nur der Adler ließ sich nicht stören und zog weiter seine Kreise am Himmel.	Hängendes Becken; Triangel	Weiche, lang klingende Schläge; am Rand streichen
Langsam schmolz der Schnee und viele Bäche flossen ins Tal.	Zwei Stabspiele	Ungleichmäßiges Glissandospiel
Dort blühten bereits die ersten Frühlingsblumen und die Forsythiensträucher leuchteten in der Sonne.	Triangeln Becken	Weiche, klingende Schläge

Die Gestaltungsvorschläge können helfen sich die klangliche Umsetzung leichter und schneller vorzustellen. Sie sind aber in keiner Weise bindend. Man kann ebenso andere Ideen entwickeln und ganz andere Instrumente oder Materialien verwenden.

Am Anfang der Arbeit mit einer im Hinblick auf Klanggeschichten unerfahrenen Gruppe ist es sinnvoll sich die Gestaltung der Geschichte zu überlegen und diese vorgegebene Gestaltung mit der Gruppe einzuüben. Die Gruppe ist somit an der Entwicklung der Gestaltung noch nicht beteiligt.

Methodische Schritte der Einübung
Vorbereitung: Die oben angegebenen Instrumente liegen in der erforderlichen Anzahl bereit.

Geschichte vorstellen	Die Geschichte langsam vorlesen oder frei erzählen. In einem kurzen Gespräch auf den Inhalt eingehen. Gemeinsam mit der Gruppe kann die Geschichte nacherzählt werden.
Instrumente und Klangaufgaben verteilen	Jeden Abschnitt zunächst nochmals vorstellen und anschließend die dafür vorgesehenen Instrumente verteilen. Die Klangaufgaben vormachen oder von den betreffenden Kindern ausprobieren lassen. Am besten legen die Kinder danach ihr Instrument vor sich auf den Boden. Hier bietet es sich an, dass der Adler und das Blühen der Frühlingsblumen von den gleichen Kindern gespielt werden.

C: Geschichten mit Instrumenten gestalten

	Die Kinder, die Murmeltiere spielen, können mit Handtrommeln die Lawine unterstützen. Der Spieler für die Sonne kann auch am schmelzenden Schnee beteiligt werden. Bei dieser Verteilung werden für die Geschichte etwa 10–12 Spieler benötigt. Eine größere Zahl ist ebenfalls möglich, da die Tiere oder die Lawine von mehr als zwei Kindern gespielt werden können. **Zu beachten:** ● Jedes Kind erhält zunächst nur eine Aufgabe. ● Kinder, die die gleiche Aufgabe haben, sitzen zusammen. ● Im Verlauf des Spiels kann ein Kind an verschiedenen Aufgaben beteiligt werden.
Erster Durchlauf	Die Geschichte abschnittweise vorlesen. Nach jedem Abschnitt die jeweiligen Spieler ansehen und gestisch zum Spielen auffordern. Ausreichende Pausen für das Spielen lassen!
Besprechung	Was hat gut geklungen? Was könnte noch verbessert werden? Welche Stellen sollten nochmals geübt werden? **Verbesserungsmöglichkeiten** liegen vor allem ● in der Länge des Spiels, ● in den Übergängen, ● in der Überlappung von Klängen. Den ersten Teil der Geschichte gestaltet man am besten, indem die Sonnenstrahlen durchgehend leise gespielt werden. Die Klänge für die Tiere lagern sich darüber. Im zweiten Teil ist die Lawine so lange zu hören, bis der Schnee schmilzt.
Einzelne Stellen ohne Erzähler	Den ersten Teil zunächst ohne Erzähler üben: Die „Sonnenstrahlen" klingen durchgehend. Dazu kommen die einzelnen Tiere nacheinander und mit ausreichend langem Spiel. Danach wiederholt sich das Spiel im zweiten Teil.
Zweiter Durchlauf	Der erste Teil wird zusammenhängend vorgelesen und anschließend zusammenhängend gespielt. Ebenso der zweite Teil. Um den musikalischen Ablauf anzuleiten, ist es erforderlich die spielenden Kinder immer anzusehen und gestisch mitzuspielen.
Aufnahme	Die Geschichte wird auf Kassette aufgenommen und gemeinsam gehört.

C: Geschichten mit Instrumenten gestalten

Aufgaben

1. Gestalten Sie die Geschichte mit Ihrer Lerngruppe und beziehen Sie dabei die in der Besprechungsphase angestellten Überlegungen ein.
2. Entwickeln Sie eine Klanggestaltung zu einer selbst gewählten Geschichte.
3. Führen sie diese Gestaltung mit Ihrer Lerngruppe oder mit einer Kindergruppe durch.

2.3 Eine Gestaltung mit der Gruppe entwickeln

Die Geschichte vom roten Bällchen

Ursula Wölfel, aus: Siebenundzwanzig Suppengeschichten; Rechte: Hoch Verlag, Düsseldorf

Einmal hatte ein Kind ein **rotes Bällchen**, das ist zur Tür hinaus gerollt,

und dann ist es die **Treppe hinunter** gehüpft und aus der Haustür gesprungen,

und dann ist es den **Rinnstein entlang** gelaufen und in den Kanal gefallen!

Der **Kanal** hat das Bällchen mitgenommen in den Fluss

und der **Fluss** hat es mitgenommen **ins Meer**.

Im Meer hat ein **großer Fisch** das Ballchen verschluckt,

aber es ist im Fischbauch **immer auf und ab** getanzt, da hat der Fisch es wieder ausgespuckt.

Die **Wellen im Meer** haben das Bällchen weitergetragen,

da hat **ein Vogel** das Bällchen auf den Wellen schwimmen sehen und er hat es in den Schnabel genommen. Der Vogel ist **mit dem Bällchen übers Meer** geflogen, und auf der anderen Seite vom Meer hat er es wieder losgelassen.

Das Bällchen ist **in den Sand** gefallen, es hat zwischen den Steinen und den schönen Muscheln gelegen.

Da ist ein **anderes Kind** gekommen, das hat das Bällchen gefunden, und es hat sich **sehr gefreut**.

Wenn eine Gruppe bereits Erfahrungen mit Klanggeschichten sammeln konnte, so ist es sinnvoller die Gestaltung mit der Gruppe gemeinsam zu entwickeln. Dieser Weg ist sowohl für die Gruppe als auch für die Kinderpflegerin anspruchsvoller. Auch hier ist es erforderlich, dass man selbst eine Vorstellung von einer möglichen Verklanglichung hat, um auf die Vorschläge der Gruppe schnell und angemessen reagieren zu können und um Anregungen geben zu können. Die eigenen Ideen sollten aber immer den Ideen der Gruppe untergeordnet werden. Die Beteiligung der Kinder am Entstehungsprozess und die dadurch ermöglichte kreative Entfaltung sind wichtiger als ein vorgedachtes Endergebnis.

Methodische Schritte für die gemeinsame Erarbeitung

Vorbereitung: Es liegt eine große Auswahl von Instrumenten bereit, auch solche, die nicht auf den ersten Blick in der Geschichte Verwendung finden werden.

Geschichte vorstellen	Die Geschichte langsam vorlesen oder frei erzählen. In einem kurzen Gespräch auf den Inhalt eingehen. Gemeinsam mit der Gruppe kann die Geschichte nacherzählt werden.
Klangaufgaben zusammenstellen und Instrumente zuordnen	Im Gespräch zusammentragen, welche Elemente der Geschichte mit Klängen dargestellt werden können. (Vgl. fett gedruckte Stellen.) Die Umsetzungsvorschläge der Kinder sofort ausprobieren lassen. Wird ein Vorschlag von der Gruppe angenommen, so bleiben die gewählten Instrumente bei den betreffenden Kindern.
Erster Durchlauf	Die Geschichte abschnittweise vorlesen. Nach jedem Abschnitt die jeweiligen Spieler ansehen und gestisch zum Spielen auffordern. Ausreichende Pausen für das Spielen lassen.
Besprechung und Strukturierung	Was ist gut gelungen? Was könnte verbessert werden? Eignen sich weitere Stellen für eine klangliche Umsetzung und wie soll diese durchgeführt werden? Welche Teile sollten zusammenhängend gespielt werden? Hier bieten sich drei Teile an: • vom Haus bis zum Meer, • die Episode mit dem großen Fisch, • der Vogel bringt das Bällchen zum anderen Kind. Die Gliederung sollte aber nicht vorgegeben, sondern von der Gruppe vorgeschlagen werden. Bei anderen Vorschlägen der Gruppe auf diese eingehen.
Einzelne Teile	Diese Teile zusammenhängend üben.
Zweiter Durchlauf	Der erste Teil wird zusammenhängend vorgelesen und anschließend zusammenhängend gespielt. Ebenso der zweite und der dritte Teil. Dabei ist es erforderlich die spielenden Kinder immer anzusehen und gestisch mitzuspielen.

C: Geschichten mit Instrumenten gestalten

Besprechung	Haben sich alle ausreichend Zeit gelassen? Wo sollte lauter, wo leiser gespielt werden?
Dritter Durchlauf	Die ganze Geschichte ohne Erzähler spielen. Anleitung durch Blickkontakt und Gesten.
Aufnahme	Die Geschichte auf Kassette aufnehmen und gemeinsam hören.

Aufgaben

1 Entwickeln Sie mit Ihrer Lerngruppe bzw. mit einer Kindergruppe eine Gestaltung zu der *Geschichte vom roten Bällchen*.

2 Entwickeln Sie in Kleingruppen zu einer selbst gewählten Geschichte eine Gestaltung. Gehen Sie dabei nach den dargestellten methodischen Schritten vor.

2.4 Von der Improvisation ausgehen

Die Geschichte vom Feuersalamander

Ursula Wölfel, aus: Siebenundzwanzig Suppengeschichten; Rechte: Hoch Verlag, Düsseldorf

Einmal hat es **geregnet** und **die Feuersalamander** haben in ihren Erdlöchern gesessen und **gefroren**. Da hat **einer** von ihnen gesagt: „Tief unten in der Erde ist ein großes Feuer, dorthin will ich!" **Die anderen** Feuersalamander haben ihn ausgelacht, sie haben gesagt: „Wir wollen lieber auf die Sonne warten."

Aber der eine Feuersalamander ist doch **in die Erde gekrochen**, an den **Baumwurzeln** vorbei und immer tiefer. Es war **dunkel** in der Erde und der Feuersalamander ist **sehr müde** geworden. Aber er ist weiter und immer weiter gekrochen, immer tiefer hinunter: an den **Wasserquellen** unter der Erde vorbei, an den **Kohlen** in der Erde vorbei, an den Felsen mit den **Edelsteinen** vorbei.

Endlich ist er an das **große Feuer** gekommen. Das war **so heiß**, dass die Steine gekocht haben und es war außen blau und dann grün und dann rot und dann gelb, und in der Mitte war es weiß vor Hitze. Der Feuersalamander hat **gestaunt** und er hat **sich gewärmt** an dem großen Feuer.

Dann ist er **wieder nach oben** gekrochen. Er hat den anderen Feuersalamandern von dem großen Feuer **erzählt** und sie haben gar nicht mehr gefroren als sie das **gehört** haben. Er musste es ihnen immer wieder erzählen und sie haben dabei den kalten **Regen ganz vergessen**.

C: Geschichten mit Instrumenten gestalten

Das ist eine anspruchsvolle Geschichte, die nur für bereits erfahrene Gruppen geeignet ist. Auch vom methodischen Vorgehen her kann durch das Ausgehen von der Improvisation eine neue Erfahrung und eine Weiterführung ermöglicht werden.

Methodische Schritte für die improvisatorische Gestaltung
Vorbereitung: Es liegt eine große Auswahl von Instrumenten bereit.

Geschichte vorstellen	Die Geschichte langsam vorlesen oder frei erzählen und den Inhalt kurz besprechen.
Zweites Vorlesen	Die Geschichte nochmals sehr langsam und mit Pausen vorlesen. Die Kinder schließen die Augen und stellen sich Klänge zu den einzelnen Stationen vor.
Erster Durchlauf Improvisation	Jedes Kind überlegt, zu welchen Stellen es spielen möchte und sucht sich dafür ein oder mehrere Instrumente aus. Die Geschichte wird mit vielen Pausen vorgelesen, die die Kinder spontan ausfüllen. Wenn wichtig erscheinende Stellen nicht gespielt werden, so bleiben diese zunächst noch weg.
Besprechung Klangaufgaben Zuordnung der Instrumente	Welche Stellen der Geschichte haben wir gespielt? Welche Stellen haben noch gefehlt? Aus diesen Fragen ergeben sich die Klangaufgaben. Mit welchen Instrumenten haben wir die einzelnen Stellen gespielt? Welche haben besonders gut geklungen? Aus diesen Fragen ergibt sich die Zuordnung. Die Geschichte abschnittweise durchgehen und für jede Stelle verabreden, welche Instrumente benutzt werden und wie sie gespielt werden. Die Geschichte abschnittweise durchgehen und für jede Stelle eine Verabredung treffen.
Zweiter Durchlauf	Wie oben beim ersten Durchlauf.
Strukturierung und Weiterführung	Wie oben beschrieben.

Das improvisatorische Verfahren kann erst angewendet werden, wenn die Kinderpflegerin und die Kindergruppe sich gut kennen. Daher kann es zunächst nur in der Lerngruppe und noch nicht in der Praxis erprobt werden.

C: Geschichten mit Instrumenten gestalten

Aufgaben

1 Entwickeln Sie mit Ihrer Lerngruppe zur *Geschichte vom Feuersalamander* eine Gestaltung nach dem improvisatorischen Verfahren.

2 Erfinden Sie in Kleingruppen eigene Geschichten, die sich zur Verklanglichung eignen.

3 Gestalten Sie die selbst entwickelten Geschichten mit der gesamten Lerngruppe nach dem improvisatorischen Verfahren.

2.5 Weitere Beispiele

Die Geschichte vom schönen neuen Schmetterling

Ursula Wölfel, aus: Siebenundzwanzig Suppengeschichten; Rechte: Hoch Verlag, Düsseldorf.

Einmal ist ein Schmetterling aus einem Loch in einer Mauer gekrochen, ein ganz neuer Schmetterling. Er hatte wunderschöne bunte Flügel, aber er ist nicht fortgeflogen, er ist auf der Mauer sitzen geblieben. Die anderen Schmetterlinge sind an ihm vorbeigeflogen, der Wind hat sie getragen, und sie haben sich Honig von den Blumen geholt. Aber der neue Schmetterling hatte Angst vor dem Fliegen. Die Bienen sind um ihn herum gesummt, die Mücken haben um ihn herum getanzt, und die dicke Hummel ist über ihm durch die Luft gebrummt. Aber der neue Schmetterling hatte immer noch Angst vor dem Fliegen. Seine schönen Flügel haben gezittert, er hat die Fühler an seinem Kopf weit ausgestreckt, und mit den Beinen hat er sich an der Mauer festgehalten. Aber da ist der Wind gekommen. Er hat den schönen neuen Schmetterling einfach aufgehoben und hoch in die Luft getragen. Da musste der Schmetterling fliegen, da konnte er auf einmal fliegen, und da wollte er nur noch fliegen und fliegen, so herrlich war das!

Die kleine silberne Muschel

Elisabeth Wagner, aus: H. Grosse-Jäger (Hrsg.), Musikpraxis, Nr. 42, Rechte: Fidula Verlag, Boppard.

Auf einem Felsen im Meer lebte eine kleine silberne Muschel. Wenn die Sonne schien, machte sie ihre Strahlen langsam auf und zu. Es schwammen viele kleine Fische an ihr vorbei, manchmal ein ganzer Schwarm. Dann kam ein großer Fisch. Auch ein Krebs krabbelte am Meeresboden dahin. Eines Tages wurde das Meer unruhig und große Wellen kamen auf die Muschel zu. Sie klappte ihre Schalen ganz fest zu. Die Wellen wurden immer stärker und rissen die kleine Muschel vom Felsen. Sie wurde von der Flut hin und her geworfen. Schließlich lag sie auf einem Sandstrand. Zwei Kinder kamen gelaufen. „Sieh mal, was ich gefunden habe", sagte Susi. Peter wollte die Muschel öffnen. „Nein", rief Susi, „sie lebt noch. Komm, wir werfen sie ins Meer; dort kann sie vielleicht weiterleben." Peter warf die kleine silberne Muschel so weit er konnte ins Meer zurück.

C: Geschichten mit Instrumenten gestalten

Aufgaben

1. Welche Klangaufgaben sind in den beiden Geschichten enthalten?
2. Mit welchen Instrumenten können sie ausgeführt werden?
3. Wie können die Geschichten strukturiert werden?

Das Waldhaus

Josef Guggenmos, aus: Sonne, Mond und Luftballon. Gedichte für Kinder; Rechte Beltz Verlag, Weinheim 1984.

Wir liegen im Waldhaus in tiefer Nacht:
Da naht ein Trappeln.
Erwacht! Erwacht!

Vorm Fenster stehen Wölfe
und heulen alle zwölfe.

Noch zwanzig kommen dazu
und helfen heulen. Hu!

Jetzt sind es zweiunddreißig.
Wir zittern und bibbern fleißig.

Nun bringen wir denen das Bibbern bei.
Wir brüllen wie die Löwen – eins, zwei, drei!

Die Wölfe fliehen in die Ferne.
Weg sind sie. Das haben wir gerne.

Im Waldhaus ist es wieder still.
Nur der Wind pfeift noch, bald leis, bald schrill.

C: Geschichten mit Instrumenten gestalten

Auch Gedichte können eine Geschichte erzählen. Die gereimte Sprache ist kürzer und regt zur weiteren Ausgestaltung an. Manches bleibt zwischen den Zeilen unausgesprochen und muss dazu gedacht bzw. entdeckt werden. Hermann Große-Jäger gibt dieses Gedicht in seiner Zeitschrift *Musikpraxis* wieder. Sein unten abgedruckter Kommentar zu dem Gedicht verdeutlicht die Haltung, die bei der Verklanglichung von Gedichten hilfreich ist.

> Bei klingenden Geschichten kommt es darauf an, in den Text hineinzuhören und eine Musik daraus zu entwickeln!

Was hört man?

Aus: Hermann Grosse-Jäger: Musikpraxis, Arbeitshilfen für Musik in Kindergarten und Grundschule, Nr.63, S. 71 f, Fidula Verlag, Boppard 1994.

War da in tiefer Nacht etwas zu hören? *Wer diese erste Textstelle zum Hineinhören überlesen (genauer: überhört) hat – er hätte ein Knacken im Wald oder Windgeräusche assoziieren können – der wird bestimmt* ein Trappeln *im inneren Ohr wahrnehmen. Dieses ist nicht plötzlich da. Es beginnt kaum vernehmbar und wird lauter, je näher es dem Waldhaus kommt. – Dann ruft jemand:* Erwacht! Erwacht! *Wie ist dessen Stimme gefärbt und wie laut ist sie? Zu wem hat er es gerufen? – Bisher haben wir nur die ersten drei Zeilen gelesen und schon entdeckt, dass sie mehr als die Wörter und Sätze innerlich hörbar machen.*

Vorm Fenster stehen die Wölfe. *Jetzt sind jene genannt, die vorher getrappelt haben. Jetzt erst ist vorm Fenster das Trappeln zu Ende. Nun müsste man im Innern hören, wie sie heulen. Wie laut ist das? Es sind zwölfe. Wahrscheinlich heulen nicht alle zugleich. Das Heulen ist also manchmal leiser, manchmal lauter. Jedenfalls dauert es eine ganze Weile. Nicht genug:* Noch zwanzig kommen dazu und helfen heulen. *Man ist also vorher bei den zwölf Wölfen noch längst nicht auf dem Gipfel der Heul-Lautstärke: Sie steigert sich. Wenn die zwölfe forte (f) heulen, dann heulen 12+20 = zweiunddreißig Wölfe fortissimo (ff).*

Wir bibbern und zittern fleißig. *Da wird man kaum etwas hören, es sei denn die Zähne klappern, wenn der Körper bibbert.*

Nun bringen wir denen das Bibbern bei. *Wir brüllen wie die Löwen. Wie laut muss das sein, wenn es die Wölfe mit ihrem Forte-Fortissimo-Heulen beeindrucken soll? Das Löwenbrüllen schwillt nicht an und ab wie das Heulen der Wölfe. Es muss auf Kommando da sein: eins, zwei, drei! –* Die Wölfe fliehen. *Der Text sagt, dass sie in die Ferne verschwinden. Dann erst kann man sagen: Weg sind sie.*

Am Schluss des Gedichtes wird gesagt, was schon am Anfang hätte gehört werden sollen: Im Waldhaus ist es wieder still. Nur der Wind pfeift noch, bald leis, bald schrill.

1 Entwickeln Sie in Kleingruppen Gestaltungen zu den drei Geschichten. Gehen Sie dabei nach dem in Abschnitt C2.3 dargestellten Verfahren vor und machen Sie sich die im oben stehenden Kommentar beschriebene Haltung zu eigen.

Aufgabe

2.6 Ziele von Klanggeschichten

Das erste und wichtigste Ziel bei der Gestaltung von klingenden Geschichten ist es, die Kinder zu einem vertieften Erleben zu führen. Vertieftes Erleben ergibt sich nicht von selbst, sondern es ist eine Fähigkeit, die es zu entwickeln gilt. Dies gelingt dann, wenn die Kindergruppe im Laufe eines Kindergartenjahres mehrere Geschichten gestaltet und dabei in steigerndem Maße selbst an der Entwicklung der Gestaltung beteiligt ist. Ebenso sollten die klanglichen Möglichkeiten der Geschichten immer stärker erkannt werden. Das Ziel für die Gruppe sollte dabei sein, die Geschichte wirklich mit Klängen zu erzählen und nicht nur zu illustrieren, nicht nur eine **Klanggeschichte** sondern eine **Klangszene** zu schaffen, die für sich alleine stehen kann.

Mit dieser Zielrichtung erschließen sich auch

pädagogische Absichten:

1. Förderung sozialer Fähigkeiten wie Vorschläge einbringen, Kritik üben, aufeinander hören, Aufgaben verteilen und übernehmen,
2. Entwicklung von Verantwortung für ein gemeinsames Ziel und Stolz auf das Produkt,
3. Stärkung des Wohlbefindens und des Zusammenhalts in der Gruppe,
4. Förderung der Fähigkeit zur Zusammenarbeit,
5. Förderung der Fähigkeit des Einfühlens durch Hineindenken in Stimmungen und Gefühle von Situationen und Personen,
6. Förderung des emotionalen Erlebens,
7. Förderung der musikalischen Vorstellungsfähigkeit und der Kreativität,
8. Vermittlung von Grunderfahrungen der musikalischen Gestaltung,
9. Förderung des Umgangs mit Instrumenten und damit der Grob- und der Feinmotorik.

C: Geschichten mit Instrumenten gestalten

Literaturhinweise

GROSSE-JÄGER, H: Freude an Musik erleben, Herder Verlag, Freiburg 1983, Kap.2, S. 97–117.

KREUSCH-JAKOB, D.: Musikerziehung, Don Bosco Verlag, München 1995, S. 96–102.

MERGET, G.: Erziehen mit Musik, Kap.3, Stam Verlag, Köln 1998.

MUSIKPRAXIS, Arbeitshilfen für Musik in Kindergarten und Grundschule, Zeitschrift vierteljährlich, Fidula Verlag, Boppard. Nahezu jedes Heft enthält Anregungen für die Gestaltung von Geschichten oder Gedichten.

SCHWARTING, J.: Da capo – Klingende Geschichten, Fidula Verlag, Boppard 1976.

WAGNER, E.: Quacki der kleine freche Frosch, 37 lustige Geschichten für Kinder von 3–8, Don Bosco Verlag, München 1990.

WAGNER, E.: Herr Plubberplop der Wassermann, neue Klanggeschichten, Don Bosco Verlag, München 1994.

3 Musik hören und aktiv erleben

Hören ist ein Prinzip der Musikerziehung, das die Kinderpflegerin durchgehend berücksichtigen sollte. Es lässt sich mit vielen Inhalten und Themen verbinden. Übungen zum Hören sind auch im Zusammenhang mit Kinderliedern oder Klanggeschichten möglich. Auch im Kapitel A1 *Mit Klängen experimentieren und gestalten* sind Spiele zur Förderung des konzentrierten Hörens auf selbst produzierte Klänge enthalten. Für dieses musikpädagogische Anliegen wird in der Fachliteratur meist der Begriff *Hörerziehung* verwendet. Demgegenüber befasst sich dieses Kapitel mit dem Hören von komponierten Musikstücken.

3.1 Hörgewohnheiten

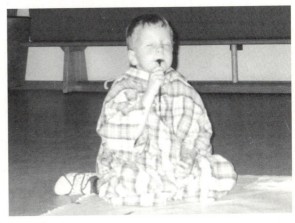

Beim Musikhören

Kinder verbringen bereits viel Zeit mit dem Hören von Musik. Sie hören Musikkassetten, CDs, aber auch Rundfunk- und Fernsehprogramme, die „nebenbei" laufen, ohne Aufmerksamkeit zu beanspruchen. Sie gewöhnen sich schon früh an den Klang und die Art der Musik, die sie täglich hören, ebenso wie vielleicht auch daran, davon berieselt zu werden, ohne dabei sonderlich aufmerksam zu sein.

Bei Kindern liegt der Schwerpunkt im Allgemeinen auf dem Hören von Märchen- oder Hörspielkassetten. Häufig werden die Kassetten so oft gehört, dass einzelne Szenen mitgesprochen werden können. Auch die Lieder und die instrumentale musikalische Untermalung der Handlung prägen sich auf diese Weise stark ein. Dadurch sind Kinder daran gewöhnt Musik im Rahmen einer Handlung zu hören und sie emotional mit der Handlung zu verknüpfen. Noch stärker wird diese Verknüpfung von Musik und Handlung durch Videofilme und Fernsehsendungen vermittelt. Die Aufmerksamkeit liegt dabei jedoch fast ausschließlich auf der Handlung. Die Musik ist Beigabe, die kaum bewusst wahrgenommen wird.

Der Musikkonsum von **Erwachsenen** ist demgegenüber nicht sehr verschieden. Eltern, Kinderpflegerinnen und Erzieherinnen unterscheiden sich in ihrem Hörverhalten kaum von ihren Kindern. Der Schwerpunkt liegt auf der jeweils aktuellen Pop-Musik, wobei das Ausmaß des Nebenbei-Hörens häufig noch höher ist als bei Kindern. Musik mit voller Zuwendung und Aufmerksamkeit zu hören, ist auch hier eine Ausnahmeerscheinung.

C: Musik hören und aktiv erleben

Wer Kindern aber ermöglichen will Musik hörend zu *erleben* (!), muss dies auch bei sich selbst erfahren können, muss offen sein für eigene Entdeckungen. So ist das Musikhören mit Kindern auch eine Chance für einen gemeinsamen Entwicklungsprozess von Kindern und Kinderpflegerin.

Aufgaben

1. Führen Sie für einen Tag Protokoll über Ihren eigenen Musikkonsum.
2. Vergleichen Sie Dauer und Art Ihres Musikkonsums mit demjenigen jüngerer Hörer.
3. Erstellen Sie eine klasseninterne Rangliste, in der von jeder Schülerin die drei letzten selbst gekauften CDs oder Kassetten berücksichtigt werden. Reflektieren Sie vor allem die sich daraus ergebende Bandbreite der musikalischen Stilrichtungen.

3.2 Musik für Kinder

Kinder sind eine wesentliche Zielgruppe des wirtschaftlichen Marktes. Dies gilt auch und vor allem für die Musikindustrie. Kinder im Kindergarten- und Grundschulalter sind seit Jahrzehnten in immer zunehmenderem Maße zu einem bedeutenden Marktfaktor geworden. Da hier jedoch die Eltern als Käufer angesprochen sind, haben die angebotenen Produkte in der Regel einen pädagogischen Ansatz, der allerdings unterschiedlich stark ausgeprägt ist.

Für einen Überblick können die Angebote für Kinder in folgende Gruppen aufgeteilt werden:

Kinderlieder — Sie sind zur Verwendung in der Familie und in pädagogischen Einrichtungen gedacht und meist von Musik- oder Sozialpädagogen verfasst. Die Texte gehen demgemäß auf kindliche Erfahrungen und Bedürfnisse ein und enthalten häufig pädagogische Absichten. Meist werden die Lieder auch in Form von Liederbüchern angeboten. (Vgl. Kap. C1)

Kindertänze — Lieder und Instrumentalstücke, die zur Bewegung anregen sollen: Auch hier überwiegt ein popmusikalischer Stil mit kleinen Instrumentalbesetzungen. Häufig sind in einem Begleitheft Tanzbeschreibungen oder Bewegungsanregungen enthalten.

Hörspiele — Sie enthalten eine zusammenhängende Geschichte mit unterschiedlich starker musikalischer Gestaltung durch Lieder und Begleitmusik. Die Geschichte steht im Vordergrund. Die Musik begleitet unterstützend und verbindet die Handlung.

Kinderhits	Sie sind direkt an der U-Musik orientiert. Es werden gängige Schlager ausgewählt, die z. T. mit neuen, kindbezogenen Texten versehen werden.
Klassische Musik mit einer erzählten Geschichte	Die Geschichte soll dem Kind helfen die Musik zu verstehen. Für das zuhörende Kind sind Geschichte und Musik gleichwertig. Für den Verfasser überwiegt die Musik. Bekanntestes Beispiel hierzu ist „Peter und der Wolf".
Kinderopern	Bekannte Opern sind in Kurzfassungen für Kinder bearbeitet. Die Musik wird verkürzt auf die prägnantesten musikalischen Motive. Das Instrumentarium ist dabei meist sehr eingeschränkt. Die Singstimmen bedienen sich nicht eines kunstvollen Gesangsstils und sollen dadurch kindgemäßer wirken.
„Kinderklassik"	Meist werden einzelne Sätze klassischer Werke ausgewählt und durch erläuternde, kindgemäße Hinführung für Kinder interessant gemacht.

Naturgemäß ist die Qualität der Produktionen unterschiedlich und man wird aus jeder Gruppe Beispiele finden, die man ohne Bedenken in der pädagogischen Arbeit verwenden kann.

Aufgaben

1. Verschaffen Sie sich einen Überblick über das Musikangebot für Kinder in einschlägigen Geschäften Ihrer Stadt und ordnen Sie diese den einzelnen Gruppen zu.
2. Vergleichen und beurteilen Sie verschiedene Angebote einzelner Gruppen im Hinblick auf Kindgemäßheit sowie auf künstlerischen und erzieherischen Wert.
3. Erstellen Sie eine klasseninterne Rangliste nach der Häufigkeit, mit der Sie in Ihrer Kindheit mit Beispielen aus den verschiedenen Gruppen konfrontiert wurden.
4. Stufen Sie nach Ihren Erfahrungen im privaten Bereich und in Praktika die Verbreitung der Musikangebotsgruppen in Familien und in Kindergärten ein.

3.3 Methoden des Hörens mit Kindern

Eignung von Musikstücken

Das Musikhören mit Kindern beschränkt sich jedoch nicht auf Musik, die für Kinder angeboten wird. Musik ist nicht altersgebunden. Allerdings ist nicht jedes Stück für das gemeinsame Hören in Gruppen geeignet. Zunächst ist die Dauer von Bedeutung. Auf ein Stück von mehr als drei bis vier Minuten können sich Kinder meist nicht konzentrieren. Günstig ist, wenn ein Stück klar gegliedert ist, wenn es unterschiedliche Teile enthält, die Abwechslung und Anregung bedeuten. Besonders geeignet ist Musik, die etwas erzählt, da dies dem

C: Musik hören und aktiv erleben

kindlichen Hörverhalten sehr nahe liegt. Solche Musik wird als **Programmmusik** bezeichnet, weil ihr Aufbau einem außermusikalischen Plan, einem Programm folgt.

Das wichtigste Kriterium ist jedoch, dass das Musikstück Anhaltspunkte enthält um aktiv zu werden. Kinder wollen nicht nur Musik hören um anschließend darüber zu reden. Sie wollen ihr Erleben in Handlungen ausdrücken. Man könnte auch sagen: Nur über musikbezogene Handlungen können Kinder zum Erleben geführt werden.

Folgende Handlungsmöglichkeiten, durch die das Hören aktiv umgesetzt wird, haben sich bewährt.

Handlungsmöglichkeiten zur Musik

Bewegung	Bewegung ist von der experimentell-freien Bewegung bis hin zur gebundeneren Form des Tanzes denkbar. Jede Bewegungsform wird man aber Schritt für Schritt mit der Gruppe entwickeln und nicht einfach vorgeben.
Szenische Darstellung	Szenische Darstellung bietet sich besonders an, wenn die Musik eine Geschichte erzählt. Es ist aber auch möglich zu einer Musik eine Geschichte zu erfinden. Das Umsetzen in das szenische Spiel erfordert das genaue Hinhören auf den musikalischen Ablauf.
Vergleich mit einer eigenen Gestaltung	Wenn die Musik ein Programm enthält, so kann zum gleichen Thema eine eigene Gestaltung mit der Gruppe entwickelt werden. Anschließend wird das Musikstück gehört. Durch den Vergleich ist die Musik nicht nur interessant, sondern von Beginn an teilweise bekannt.
Malen zur Musik	Die Höreindrücke können auch durch gleichzeitiges Malen wiedergegeben werden. Dabei ist es möglich die rhythmische Bewegung auf das Papier zu übertragen, indem man die Stifte bzw. Finger zur Musik tanzen lässt. Ebenso können zur Musik abstrakte oder gegenständliche Bilder entstehen.
Mitspielen mit Rhythmus-Instrumenten	Selbst mitspielen steht dem Hören nicht im Wege. Natürlich muss mit der Gruppe ein Plan für das Mitspielen erarbeitet werden. Sowohl für diese Vorbereitung als auch für das Mitspielen ist genaues Hinhören erforderlich. Das Mitspielen ermöglicht im wahrsten Sinne ein ganzheitliches Empfinden der Musik.

Aufgaben

1 Erläutern Sie Kriterien der Eignung von Musikstücken für das Hören mit Kindern.

2 Versuchen Sie, in Ihren eigenen Kassetten und CDs Stücke zu finden, die sich für Kinder eignen. Begründen Sie Ihre Wahl.

3.4 Programmmusik mit Erzähler

In der Programmmusik gestaltet ein Komponist einen außermusikalischen Inhalt mit musikalischen Mitteln. Das geschieht in ähnlicher Weise, wie es in Kapitel C2 für eigene Produkte beschrieben wurde. Dabei ist der außermusikalische Inhalt, z. B. eine Geschichte, das Programm, das der Musik zugrunde liegt.

Die Darstellung außermusikalischer Inhalte in der komponierten Musik erfolgt grundsätzlich in der gleichen Weise, wie sie in Kapitel C2 für die Gestaltung von Geschichten beschrieben wurde, durch:

- Imitation von Geräuschen,
- klangliche Umsetzung von Bewegungen,
- klangliche Umsetzung von Stimmungen und Gefühlen,
- Zuordnung von Leitmotiven für die handelnden Figuren.

Für Kinder wird durch die Programmmusik der Zugang zum Musikhören erleichtert. Sie ist durch die oben genannten Merkmale konkreter und fördert dadurch die Hörmotivation.

In der Regel wird die Musik nicht mit einem Erzähler verbunden, sondern soll für sich stehen. Eine wichtige Ausnahme ist jedoch das bekannteste klassische Werk für Kinder:

Peter und der Wolf

Das als musikalisches Märchen für Kinder bezeichnete Werk wurde von Sergei Prokofieff (1891–1953) für einen Erzähler und Orchester komponiert. Zu *Peter und der Wolf* werden verschiedene Bilderbücher angeboten, die für den Einsatz im Kindergarten geeignet sind. Unten ist der vollständige Erzählertext, der zur Musik gesprochen wird, wiedergegeben.

Peter und der Wolf – Erzählertext

Eines Morgens öffnete Peter die Gartentür und ging hinaus auf die große grüne Wiese. Auf einem hohen Baum saß Peters Freund, ein kleiner Vogel. „Wie still es ist", so zwitscherte der Vogel voller Fröhlichkeit. Aus dem Gebüsch am Zaun kam eine Ente angewatschelt. Sie freute sich, dass Peter die Gartentüre offen gelassen hatte, und beschloss in dem tiefen Teich auf der Wiese zu baden. Als der kleine Vogel die Ente sah, flog er hinunter, setzte sich neben sie ins Gras und plusterte sich auf. „Was bist du für ein Vogel, wenn du nicht fliegen kannst", sagte er. Und die Ente erwiderte: „Was bist du für ein Vogel, wenn du nicht schwimmen kannst" und stieg ins Wasser.

Plötzlich machte Peter große Augen. Er sah die Katze durch das Gras schleichen. Die Katze dachte, „der Vogel streitet sich herum und passt nicht auf. Den werde ich mir fangen." Und lautlos schlich sie auf Sammetpfoten heran. „Gib Acht!", rief Peter und der Vogel flog auf den Baum. Die Ente quakte die Katze böse an – von der Mitte des Teiches her. Die Katze ging um den Baum herum und dachte: „Lohnt es sich so hoch hinaufzuklettern? Wenn ich oben bin, ist der Vogel weggeflogen." Der Großvater kam aus dem Haus. Er war böse, weil Peter auf die Wiese gegangen war und die Gartentür offen gelassen hatte. „Das ist gefährlich", sagte er, „wenn nun der Wolf aus dem Walde kommt! Was dann?" Peter nahm des Großvaters Worte nicht ernst. Jungs wie er haben doch keine Angst vor dem Wolf. Aber der Großvater nahm Peter bei der Hand, machte die Gartentür fest zu und ging mit ihm ins Haus.

Und wahrhaftig: Kaum war Peter fort, da kam aus dem Walde der große graue Wolf. Im Nu kletterte die Katze auf den Baum. Die Ente quakte und in ihrer Aufregung sprang sie aus dem Wasser heraus. Aber so schnell sie auch lief, der Wolf war schneller. Er kam näher und näher, er erreichte sie und dann packte er sie und verschlang sie auf einmal. So sah es nun aus. Die Katze saß auf einem Ast, und der Vogel auf einem anderen Ast – nicht zu nahe bei der Katze! Und der Wolf lief immer um den Baum herum und starrte mit gierigen Blicken hinauf.

Peter stand hinter der geschlossenen Gartentür, sah alles was da vorging und hatte überhaupt keine Angst. Er lief ins Haus, holte ein starkes Seil und kletterte auf die hohe Gartenmauer. Ein Ast des Baumes, um den der Wolf herumlief, reichte über die Mauer. Den Ast ergriff Peter und kletterte so in den Baum hinüber. „Flieg hinab", sagte Peter zu dem kleinen Vogel, „und dem Wolf immer um den Kopf herum. Aber gib Acht, dass er dich nicht fängt!" Mit den Flügeln berührte der Vogel fast die Nase des Wolfes, während der Wolf wütend nach ihm schnappte. Wie der kleine Vogel den Wolf ärgerte und wie der Wolf ihn zu fangen versuchte! Aber der Vogel war geschickter und der Wolf schnappte ins Leere. Inzwischen hatte Peter eine Schlinge gemacht und ließ das Seil vorsichtig hinunter. Er fing den Vogel am Schwanz und zog die Schlinge zu. Als der Wolf merkte, dass er gefangen war, sprang er wild umher und versuchte sich loszureißen. Aber Peter machte das andere Ende des Seils am Baum fest und je wilder der Wolf herumsprang, umso fester zog sich die Schlinge.

Nun aber – nun kamen die Jäger aus dem Wald. Sie waren dem Wolf auf der Spur und als sie näher kamen, schossen sie mit ihren Flinten. Aber Peter rief von dem Baum herab: „Ihr sollt nicht schießen! Der kleine Vogel und ich haben den Wolf doch gefangen. Helft uns nun ihn in den Zoo zu bringen." Nun stellt euch den Triumphzug vor: Peter vorneweg, und hinter ihm die Jäger mit dem großen grauen Wolf. Und am Schluss des Zuges der Großvater und die Katze. Der Großvater schüttelte den Kopf und sagte. „Na ja! Aber wenn nun Peter den Wolf nicht gefangen hätte, was dann?" Über ihnen flog der kleine Vogel und zwitscherte: „Was wir beide, Peter und ich, für tapfere Gesellen sind. Seht, was wir gefangen haben." – Und wenn man ganz genau hinhört, kann man die Ente im Bauche des Wolfes quaken hören, denn der Wolf hatte sie in der Eile lebendig hinuntergeschluckt.

Quelle: Einspielung des Orchestre National Paris, Dirigent: Lorin Maazel, Sprecher: Mathias Wiemann, Deutsche Grammophon Gesellschaft.

C: Musik hören und aktiv erleben

Ganz ähnlich wie im vorhergehenden Kapitel Geschichten mit Klängen gestaltet wurden, wird nun diese Geschichte mit allen kompositorischen Mitteln in Musik gesetzt. Zur Charakterisierung der handelnden Figuren werden auch hier Leitmotive verwendet: Jeder Person ist ein charakterisierendes Instrument und eine Erkennungsmelodie zugeordnet:

Peter	Geigen
Vogel	Querflöte
Ente	Oboe
Katze	Klarinette
Großvater	Fagott
Wolf	Hörner
Jäger	ganzes Orchester

Das gesamte Werk dauert etwa 27 Minuten. Damit ist es für das Hören in Kindergruppen eigentlich viel zu lang. Der Ausnahmecharakter des Stückes durch seine kindgemäß erzählte Handlung und seine plastische musikalische Ausgestaltung erlaubt jedoch dennoch einen Einsatz des Werkes in der Kindergruppe.

Die im Folgenden beschriebene Durchführung bezieht sich nicht nur auf eine Aktivität, sondern auf einen längeren Zeitraum.

Methodische Schritte der Erarbeitung

Vorstellen des Märchens	Die Geschichte abschnittweise vorlesen oder frei erzählen. Nach jedem Abschnitt unterbrechen, auf den Inhalt eingehen und evtl. gemeinsam mit den Kindern nacherzählen. Dazu kann ein Bilderbuch zu Hilfe genommen werden.
Szenisches Spiel	Einzelne Abschnitte spontan szenisch spielen lassen. Das Spiel der Kinder nicht durch Spielanleitungen, sondern durch die freie Erzählung des Märchens leiten. Die Kinder drücken die Handlung in Bewegung und Gesten aus. Öfter zwischen zuschauenden und spielenden Kindern wechseln.
Hören 1. Abschnitt	Die Einleitung und den ersten Abschnitt – entsprechend des ersten Abschnittes des abgedruckten Textes – gemeinsam hören. Hierbei werden Peter, die Ente und der Vogel eingeführt.
Bewegung zu den Leitmotiven	Die Leitmotive von Peter, Ente und Vogel werden einzeln vorgespielt. Dazu bewegen sich alle frei – entsprechend der jeweiligen Figur.

C: Musik hören und aktiv erleben

Hören 2. Abschnitt	Den zweiten Abschnitt gemeinsam hören. Hierbei werden die Katze und der Großvater eingeführt.
Bewegung zu den Leitmotiven	Die Leitmotive von Peter, Ente, Vogel, Katze und Großvater werden einzeln vorgespielt. Dazu bewegen sich alle frei – entsprechend der jeweiligen Figur.
Mitspielen zu den Leitmotiven	• Den Leitmotiven werden gemeinsam elementare Instrumente zugeordnet, z. B. Peter: Rasseln Vogel: Triangel Ente: Holzblocktrommel Katze: Handtrommel Großvater: Pauke oder tiefe Handtrommel Wolf: Becken Jäger: Schellentrommel Auch jede andere Zuordnung wäre möglich, wenn die Gruppe die Verteilung festlegt. • Die Instrumente werden auf einzelne Spieler oder kleine Gruppen verteilt. • Die Leitmotive (Einleitung) werden vorgespielt. Die jeweilige Gruppe spielt spontan in freier Weise mit.
Hören der folgenden Abschnitte und Mitspielen	Beim Hören der folgenden Abschnitte werden die elementaren Instrumente in der eingeführten freien Weise mitgespielt. Durch die Aktivität wird die Höraufmerksamkeit und die Ausdauer unterstützt. Die einzelnen Abschnitte sollten aber nicht in einem Ablauf gehört werden.
Szenisches Spiel zur Musik einzelner Abschnitte	Vorbereitung des Spiels: • Festlegung der Handlungsorte im Raum • Unterstützung durch ganz wenige Requisiten • Rollenverteilung Die Kinder spielen spontan und ohne genaue Anweisungen. Jeder Abschnitt wird mehrmals wiederholt. Vor der Wiederholung wird besprochen, was gut war und was verbessert werden könnte. Die Verbesserungsmöglichkeiten liegen vor allem darin, dass die Kinder nicht nur auf den Text, sondern immer stärker auf die Musik hören.

Ein weiteres programmmusikalisches Werk, das auf ähnliche Weise umgesetzt werden kann, ist:

Babar der kleine Elefant, Orchesterwerk in 32 Abschnitten von Francis Poulenc.

C: Musik hören und aktiv erleben

Aufgaben

1 Hören Sie zunächst die Einleitung des Stückes, in der die Leitmotive vorgestellt werden. Besprechen Sie in der Gruppe die musikalischen Mittel, mit denen die einzelnen Personen dargestellt werden.

2 Hören Sie die gesamte Komposition. Achten sie dabei auf die differenzierte Verwendung der Leitmotive und auf die Art und Weise, wie die Musik die gesprochene Handlung fortsetzt und weitererzählt.

3 Erproben Sie die einzelnen Phasen der dargestellten methodischen Schritte zu beliebigen Abschnitten der Musik in Ihrer Lerngruppe.

3.5 Programmmusik ohne Erzähler

Die Verbindung eines Stückes mit einem außermusikalischen Programm ist ein kompositorisches Mittel und wurde häufig praktiziert. Dass ein Stück – wie bei *Peter und der Wolf* – für Kinder als besondere Hörergruppe geschaffen wurde, ist aber als Ausnahme zu betrachten. Ebenso ergibt sich das Programm in der Regel lediglich durch den Titel des Werkes oder der einzelnen Abschnitte, nicht aber durch einen zur Musik tretenden Erzähler.

Karneval der Tiere

Der *Karneval der Tiere* von dem französischen Komponisten Camille Saint Saëns (1835–1921) ist eine Suite (= Folge) für zwei Klaviere und kleines Orchester. In 14 kurzen Abschnitten werden einzelne Tiere musikalisch beschrieben. Die 14 Abschnitte werden hier in einer veränderten Reihenfolge aufgeführt (s. Aufgabe 1, S. 115):

- Der Elefant
- Aquarium
- Königlicher Marsch des Löwen
- Wilde Esel
- Kängurus
- Das Vogelhaus
- Hühner und Hähne
- Fossilien
- Persönlichkeiten mit langen Ohren (Esel)
- Pianisten
- Der Schwan
- Schildkröten
- Der Kuckuck in der Tiefe des Waldes
- Finale

Der Abschnitt „Pianisten" stellt als einziger keine Tiere dar. Da Saint-Saëns das Stück in erster Linie für seine Studenten geschrieben hatte, erweist sich die Einreihung der Pianisten in die Reihe der Tiere als besonderer Witz des Komponisten.

Obwohl das Stück nicht für Kinder geschrieben wurde, sind nahezu alle Abschnitte für den Einsatz in Kindergruppen sehr gut geeignet. Dies soll am Abschnitt *der Kuckuck in der Tiefe des Waldes* beispielhaft erläutert werden.

Der Kuckuck in der Tiefe des Waldes

Der Satz dauert etwa zwei Minuten und ist einfach aufgebaut. Er wird nur von Klavier und Klarinette gespielt. Die ruhigen, lang klingenden Klavierakkorde stehen für die Tiefe und Ruhe des Waldes. Die Klarinette streut in unregelmäßigen Abständen – aber gut hörbar – Kuckucksrufe ein. Zu Beginn des Stückes wechseln sich die beiden Instrumente ab. Später werden die Kuckucksrufe in die Klavierakkorde hineingespielt.

Methodische Schritte der Erarbeitung

Vorspielen des Stückes und Raten des Titels	Vor dem Vorspielen werden die Kinder aufgefordert den Titel zu erraten. Hilfestellung: Es handelt sich um ein Tier. Das Rätsel erhöht die Spannung und die Aufmerksamkeit. Falls das Erraten nicht gelingt, können drei Titel zur Auswahl gestellt werden.
Wir spielen Kuckuck	Die Stühle sind die Bäume, die auch frei im Raum verteilt werden können. Jedes Kind kauert hinter einem Stuhl. Zum Hören strecken die Kinder bei jedem Kuckucksruf ihren Kopf hinter dem Stuhl als Kuckuck hoch.
Wir gehen spazieren	Als Spaziergänger im tiefen Wald gehen die Kinder zwischen den Stühlen im langsamen Tempo der Klavierakkorde. Beim Kuckucksruf bleiben alle stehen und hören (Hände an die Ohren halten).
Spiel in zwei Gruppen	Ein Teil der Gruppe spielt Kuckuck, der andere Teil spielt Spaziergänger.
Hören und Mitspielen	Klavierakkorde und Kuckucksruf werden mit elementaren Instrumenten mitgespielt, z. B. Klavierakkorde: Handtrommeln, leise mit Händen gespielt. Kuckucksruf: Holzblocktrommeln oder Klangstäbe

C: Musik hören und aktiv erleben

Aufgaben

1 Hören sie das komplette Werk, ohne dass Sie die richtige Reihenfolge der Abschnitte kennen. Versuchen Sie nach jedem Abschnitt den Titel zu erraten. Besprechen Sie, mit welchen musikalischen Mitteln der Komponist das jeweilige Tier charakterisiert hat.

2 Erproben sie zu dem Abschnitt *Der Kuckuck in der Tiefe des Waldes* die einzelnen Schritte der Erarbeitung in Ihrer Lerngruppe.

3 Bilden Sie Kleingruppen und wählen sie einen Abschnitt aus. Entwickeln Sie dazu die methodischen Schritte der Erarbeitung in einer Kindergruppe.

Weitere Beispiele

Die folgenden Werkhinweise erheben keinerlei Anspruch auf Vollständigkeit, sondern sind lediglich eine kleine Auswahl von größeren Werken mit mehreren Sätzen oder Abschnitten.

- George Bizet: Jeux d'enfants, Orchestersuite
- Edward Grieg: Peer-Gynt-Suiten 1 und 2, Orchestersuiten mit jew. 4 Sätzen
- Leopold Mozart: Die musikalische Schlittenfahrt, Orchesterwerk mit 13 Sätzen
- Modest Mussorgsky: Bilder einer Ausstellung, als Orchestersuite instrumentiert von Maurice Ravel, 10 Sätze
- Bedrich Smetana: Die Moldau, Symphonische Dichtung für Orchester
- Robert Schumann: Album für die Jugend, Klavierstücke
- Georg Philipp Telemann: Don Quichotte – Suite, 7 Sätze
- Peter Tschaikowsky: Nussknacker – Suite, 8 Sätze
- Antonio Vivaldi: Die vier Jahreszeiten, Konzertzyklus für Streichorchester

3.6 Filmmusik und Musical

Filmmusik und Musicals bieten Instrumentalstücke, die das Musikhören mit Kindergruppen bereichern können. Insbesondere mit Musik zu Kinderfilmen ist es möglich, die Hörerfahrungen von Kindern aufzugreifen und mit einem neuen Erleben zu vertiefen. Dies soll an dem Titel *Unter dem Sternenhimmel* aus dem Soundtrack zu dem Walt-Disney-Film *Der König der Löwen* verdeutlicht werden.

C: Musik hören und aktiv erleben

Der König der Löwen

Unter dem Sternenhimmel

Das Stück dauert nicht ganz vier Minuten und ist in drei sehr unterschiedliche Teile gegliedert. **Der erste und längste Teil** vermittelt mit langen Streicherakkorden und getragenen Melodien eine wohltuende und ruhige Stimmung, die auch der Titel ausdrückt. Gegen Ende dieses Teils wird diese Musik durch einen kurzen rhythmischen Gesang unterbrochen, dann aber wieder fortgeführt. **Der zweite Teil** ist ein bunter Rhythmusteppich aus vielen Percussionsinstrumenten in schnellem Tempo. **Der dritte Teil** besteht aus einem kräftigen, rhythmisch betonten, afrikanischen Chorgesang. Die drei Teile schließen in der genannten Reihenfolge aneinander an. Damit enthält das Stück genügend Abwechslung, die dem Hören mit einer Gruppe Impulse geben kann.

Methodische Schritte der Erarbeitung

Vorspielen des Stückes	Die Kinder liegen am Boden und haben die Augen geschlossen. Sie lassen das Musikstück auf sich wirken.
Freies Malen zur Musik	Jedes Kind kniet am Boden und hat ein großes Blatt und Wachsmalstifte. Die Stifte sollen zur Musik auf dem Blatt tanzen. Die Kinderpflegerin malt ebenfalls auf einem eigenen Blatt. Das Stück wird mehrmals wiederholt. Die Kinder erhalten, wenn sie wollen, neue Blätter.
Besprechung	Die Kinder erzählen, was sie gehört haben. Einige sagen vielleicht auch etwas zu ihrem Bild. Auch das Bild der Kinderpflegerin wird betrachtet. Sicher haben einige Kinder die unterschiedlichen Teile auch auf ihrem Bild unterschiedlich gemalt. Die Teile können nun nochmals getrennt gehört werden. Wie passen die Teile zum Titel des Stückes, der nun bekannt gegeben wird?
Gestaltung des 1. Teils	Die Kinder sind Löwen, die – im Raum verteilt – unter dem Sternenhimmel schlafen und träumen. Allmählich wachen sie auf und putzen sich. Nach der ersten Durchführung wird überlegt, ob die Musik eine Stelle hat, an der Tiere allmählich wach werden könnten. Mit dieser Aufgabe wird der Teil ein zweites Mal gehört und in Bewegung gesetzt. Sicher werden einige den kurzen rhythmischen Chorgesang vorschlagen.

C: Musik hören und aktiv erleben

Gestaltung des 3.Teils	Der dritte Teil regt zum Tanzen an. Die Löwen haben sich versammelt und tanzen im Kreis. Die Kinder halten sich im Kreis an den Händen und bewegen sich mit der Kinderpflegerin in langsamen Nachstellschritten (rechts seit, links bei) in Tanzrichtung gegen den Uhrzeigersinn.
Gestaltung des ganzen Ablaufs	Teil 1 und 3 werden umgesetzt wie bisher geübt. Zum rhythmischen Teil 2 krabbeln die wach gewordenen Löwen zur Raummitte und versammeln sich. Zum Überblick: ● Teil 1: Die Löwen schlafen – wachen allmählich auf und putzen sich. ● Teil 2: Die Löwen gehen auf allen Vieren zur Raummitte und versammeln sich im Kreis. ● Teil 3: Die Löwen richten sich auf und tanzen im Kreis.

Aufgaben

1. Hören Sie den Titel *Unter dem Sternenhimmel* und erkennen Sie die angegebene Gliederung.
2. Erproben Sie die methodischen Schritte der Erarbeitung in Ihrer Lerngruppe.
3. Hören Sie den Titel *Dieses Land* ebenfalls aus dem Soundtrack zu *Der König der Löwen* und versuchen Sie durch das Malen zur Musik die Gliederung zu erkennen.
4. Wählen Sie ein Instrumentalstück aus einer Filmmusik oder einem Musical und entwickeln Sie methodische Schritte für die Erarbeitung mit einer Kindergruppe.

Weitere Beispiele

Hier ist es wichtig die Entwicklung zu verfolgen um aktuelle Titel einbringen zu können. Bisher haben sich folgende Ausschnitte bewährt:

P. Vangelis: Conquest Of Paradise; aus: 1492.

A.L. Webber: Jellicle Ball; aus: Cats.

Ders.: Rennen der Züge; aus: Starlight Express.

Ders.: Auto-Verfolgungsjagd; aus: Sunset-Boulevard.

Ders.: Ouvertüre; aus: Das Phantom der Oper.

Ders.: Joseph Megamix; aus: Joseph.

E. Woolfson: Freudiana (instr.); aus: Freudiana.

H. Zimmer: Leaving Wallbrook; aus: Rain Man.

Ders.: Dieses Land; Zum Sterben schön; Hyänen; Unter dem Sternenhimmel; aus: Soundtrack zu Der König der Löwen.

H. Ashman, A. Menken: The Storm, aus: Soundtrack zu Arielle.

3.7 Ziele des Musikhörens mit Kindern

Das Musikhören mit Kindern ist eine anspruchsvolle Aufgabe für die Kinderpflegerin. In besonderer Weise ist die eigene Person und das eigene Verhalten betroffen: Nur wer Musik selbst nicht nur als Berieselung konsumiert, sondern sich ihr ganz zuwendet, kann dies Kindern weitergeben; nur wer von Musik berührt ist, kann dies Kinder spüren lassen. Wenn es der Kinderpflegerin gelingt sich in diesem Sinne mit der Kindergruppe auf den Weg zu begeben, unterstützt das gemeinsame und aktive Hören von Musik folgende

Ziele:

1. Entwicklung von Höraufmerksamkeit und Hörsensibilität
2. Entwicklung von Bewegungsfreude und rhythmischer Bewegungsfähigkeit
3. Förderung der Sprachfähigkeit durch das Sprechen über Musik und musikalische Abläufe
4. Förderung des kreativen Verhaltens durch spontanes Malen und Bewegen sowie durch das Deuten von Musik
5. Förderung der Erlebnisfähigkeit und der allgemeinen Sensibilität
6. Förderung der Fähigkeit zum Ausdruck von Gefühlen

Literaturhinweise

ABEL-STRUTH, S.: Musikalischer Beginn in Kindergarten und Vorschule, Bd. 2 Praktikum, Teil B S. 45–90, Bärenreiter Verlag Kassel 1972.

GROSSE-JÄGER, H.: Freude an Musik gewinnen, Kap. 4, S. 143–153, Herder Verlag, Freiburg 1983.

GROSSE-JÄGER, H.: Die Geschichte von Babar, dem kleinen Elefanten, Musikpraxis-Extra Bd. 2, Fidula Verlag, Boppard 1996.

MUSIKPRAXIS, Arbeitshilfen für Musik in Kindergarten und Grundschule, Zeitschrift vierteljährlich, Fidula Verlag Boppard. Viele Hefte enthalten Anregungen zum Arbeitsgebiet Musikhören. In größerem zeitlichem Abstand werden die behandelten Musikstücke auf einem Tonträger angeboten.

MERGET, G.: Kinder spielen Szenen aus der Zauberflöte, in: Musikpraxis Nr. 51, a.a.O.

4 Mit Musik bewegen – Beschäftigungseinheiten

In diesem Kapitel werden einige der bisher erarbeiteten Elemente zusammengeführt und in längeren Beschäftigungseinheiten für die direkte Umsetzung und Erprobung in der Praxis bereitgestellt. Der zeitliche Rahmen der Einheiten wird dabei bewusst nicht vorgegeben, er kann sich jedoch über mehrere Spielsequenzen an mehreren Tagen erstrecken.
Ein besonderes Augenmerk wird bei allen Praxisbeispielen auf die Bewegung gelegt, genauer gesagt auf die Verbindung von Musik-Erleben und Bewegung. Wie Musik zur Bewegung auffordern kann, so kann Bewegung zu einem tieferen Verstehen der Musik hinführen. Es soll gezeigt werden, dass in allen Bereichen des Musik-Erlebens mit Kindern Raum für Bewegung gegeben ist: Bewegung in sehr einfachen, improvisatorischen Formen, bis hin zu differenzierten, vorgegebenen Bewegungsformen. Damit ist die Absicht verbunden, dass Kinderpflegerin und Kind Freude erleben, wenn sie sich mit Musik bewegen.

Sich bewegende Kinder

Bei allen folgenden Praxisbeispielen empfiehlt sich: Wenig reden – viel tun – und zwar immer wieder anders!

4.1 Ein Lied zum Einstieg

Hallo, Hallo, schön, dass du da bist!

Liedbearbeitung: Heidemarie Brückner, Cornelia Zöllner

Ablauf der Beschäftigungseinheit

Begrüßung	Die Kinderpflegerin geht zu jedem Kind hin und begrüßt es per Handschlag mit den Worten „Hallo, schön, dass du da bist" und kündigt ein Lied an.
Bewegungsübung	In einer anschließenden gemeinsamen Übungsphase werden die Bewegungen des Liedes – das Springen und das Um-sich-drehen – geübt.
Vorsingen und bewegen	Die Kinderpflegerin singt das Lied vor, holt sich dabei ein Kind in die Mitte des Raumes und führt die eingeübten Bewegungen mit ihm durch.
Spielablauf	Beide suchen sich einen neuen Partner von außen. Dieser Vorgang wird so lange wiederholt, bis alle Kinder am Spiel beteiligt sind. Um den Kontakt untereinander zu vertiefen, wechseln bei jedem weiteren Lieddurchgang die Partner. Dies kann so lange erfolgen, bis jeder mit jedem in Kontakt war.
Tanz	Die Kinder werden auf die Kreisbahn geführt. Da die Kinder das Lied nun schon oft gehört und gespielt haben, werden sie zum Mitsingen ermuntert. Zu den ersten vier Takten laufen alle gemeinsam im Metrum (Grundschlag) an den Händen gefasst auf der Kreisbahn. In den Pausen können beliebige Körperinstrumente wie Klatschen, Oberschenkelpatschen, Schnipsen oder Zungenschnalzen erklingen. Dadurch werden Lied und Bewegungen ständig weitergeübt. (Siehe dazu Kap. C 1, S. 79)
Erweiterung	In einer neuen Variante wird an den sechsten Takt eine neue Bewegung, nämlich „auf ein Knie", hinzugefügt. In weiteren Spieldurchgängen kann jeweils eine weitere Bewegung singend angeregt werden: ● „..., das andere Knie" ● „..., den Ellenbogen" ● „..., den anderen Ellenbogen" ● „..., auf den Bauch"

Dieses Lied kann als eigenständige Beschäftigung mit den Kindern erlernt werden. Ist es den Kindern bereits vertraut, ist es als Begrüßungslied oder als Einstieg für Beschäftigungsangebote einsetzbar. Damit wird der erste Bewegungsdrang der Kinder gestillt. Außerdem treten Kinderpflegerin und Kinder sowie die Kinder untereinander persönlich in Kontakt.

Zum gelösten Singen und Musizieren schaffen Begrüßungslieder mit Bewegungsanteil eine positive Grundstimmung und eine entspannte Gruppenatmosphäre.

C: Mit Musik bewegen – Beschäftigungseinheiten

Aufgaben

1 Suchen Sie weitere Spiel- und Bewegungslieder, die zu Beginn eines Beschäftigungsangebotes oder zur Begrüßung am Morgen eingesetzt werden können.

2 Führen Sie mit Ihrer Praxisgruppe ein solches Lied ein.

4.2 Das Gespensterfest – eine Bewegungsimprovisation

In dieser Einheit ist das übergeordnete Thema die „Geisterstunde". Das „Geistern" ist für Kinder immer ein reizvolles Thema. Die Thematik kann durch die Auseinandersetzung im Spiel aber auch einen Beitrag dazu leisten, Ängste bei Kindern zu realisieren und abzubauen.

Eine kurze Geschichte steht im Mittelpunkt.

Die Geisterstunde

In einem alten, verfallenen Schloss lebte hoch oben im Turm eine Eule. Sie schlief am Tage, aber nachts verließ sie den Turm um Nahrung zu suchen.

Es war Mitternacht und die alte Uhr schlug zwölf.

Die Eule war wieder zum Turm zurückgekehrt. Plötzlich hörte sie ein Schleichen und Schlurfen, ein Kichern und Lachen, ein Scharren und Kratzen, ein Husten und Poltern, ein Pfeifen und Klopfen.

Der Wind blies um das alte Gemäuer. Die Gespenster Wladimier Kicherich, Kunigunde von Kratzefuß und Dietbert Polterzorn tanzten. Sie tanzten, bis die Uhr eins schlug.

Da verschwanden die Gespenster. Es wurde wieder still. Nur die Eule rief vom Turm uhu, uhu ...

Umrahmt wird die Geschichte von einem Sprechvers und einem Lied. Bewegungsimpulse geben keine vorgeschriebenen Bewegungsabläufe vor, sondern regen zur freien Gestaltung mit dem eigenen Körper an.

C: Mit Musik bewegen – Beschäftigungseinheiten

Ablauf der Beschäftigungseinheit

Eröffnung	Diese Einheit wird durch ein plötzliches lautes Geräusch (Schellenkranz, Vibra Slap, Guiro, Cabasa u. a.) eröffnet. Die Kinder hören jetzt einen durch die Papphöre gesprochenen Vers: *Finster, finster, finster, finster,* *nur der Glühwurm glüht im Ginster* *und der Uhu ruft im Grunde* *Geisterstunde.* Der Vers wird mehrere Male in unterschiedlicher Art gesprochen (laut – leise, hoch – tief). Zwölf Schläge auf dem Becken kündigen die Geisterstunde an.
Überleitung	Die Kinderpflegerin bewegt sich anschließend in ausdrucksvollen „zeitlupenartigen Bewegungen" auf die Kinder zu und holt sie in den Kreis. Die Kinder übernehmen in der Regel die Bewegungen.
Versvermittlung	Wenn die Begriffe „Glühwurm" und „Ginster" geklärt sind, wird der Sprechvers in methodischen Varianten erlernt: ● Der Vers wird in unterschiedlicher Tonhöhe (hoch – tief), Lautstärke (laut – leise) und in unterschiedlichem Tempo (langsam – schnell) gesprochen. Die freien Bewegungen dazu werden den Varianten angepasst. ● Der Vers wird mit Körperinstrumenten im Sprechrhythmus begleitet (klatschen, stampfen, patschen). ● Auch innerhalb des Verses können Tonhöhe, Lautstärke und Tempo gewechselt werden: Hier sind der Fantasie der Gruppe keine Grenzen gesetzt.
Aufwärmübung	Im nächsten Schritt stellen sich die Kinder vor, dass die Geister ruhen. Sie sollen jetzt erwachen und Stimme und Körper für ihr nächtliches Treiben „aufwärmen". Alle stellen sich in einem Flankenkreis (mit der Schulter zur Kreismitte und dem Rücken in eine Richtung) auf. Kopf, Schultern, Rücken und Arme des Vordermannes werden „betrommelt, betupft, gezogen, gestreichelt, gestreift und beklopft". Entscheidend ist, dass alle diese Bewegungen mit der Stimme begleitet werden. Dabei können Schlürfgeräusche, Zischlaute, Sprachsilben u. v. m. entstehen.
Geschichte spontan in Bewegung umsetzen	Die Kinderpflegerin erzählt nun die Geschichte vom Gespensterfest. Die Kinder spielen die Geschichte sofort mit. Jedes Kind übernimmt jede Rolle und kann sich nach eigenen Vorstellungen bewegen.

Verklanglichung	Im nächsten Schritt wird die Geschichte verklanglicht. Es werden Geräuschmaterialien (Materialien, die in jedem Kindergarten vorhanden sind) verwendet – natürlich ist auch das Orff-Instrumentarium einsetzbar. Die Klangqualitäten verschiedener Materialien, z. B. Plastiktüten, Geschenkfolie, Luftballons, Flaschen, Waschmitteltonnen, Schütteldosen, werden gemeinsam erforscht. Eine erste Verklanglichung der Geschichte schließt sich an. Eine gemeinsame Reflexion erfolgt. Die Geschichte wird mehrere Male gespielt, bis eine Gruppenlösung gefunden ist, die allen gefällt. (Siehe dazu Kap. C 2, S. 97 ff.)
Liedvermittlung	Da in der Geschichte der Tanz der Gespenster eine wichtige Rolle spielt, wird im Anschluss ein Lied vermittelt, zu dem getanzt werden kann. „Echte Gespenster" haben in der Fantasie der Kinder wallende Gewänder und deshalb verkleiden sich die Kinder (Betttücher, Gardinen usw.). Ein Fantasieschloss aus Hockern und Tischen wird gebaut. Zum Teil I erfolgen freie Bewegungen am Platz, im Teil II bewegen sich alle frei im Raum. Die Bewegungen erfolgen in unterschiedlichen Sozialformen (z. B. mit Partner, Dreiergruppe, Großgruppe). (Siehe dazu Kap. C 7, S. 79 ff.)
Schlussgestaltung	In der Schlussgestaltung werden alle gelernten und gemeinsam erarbeiteten Elemente zusammengefasst: der Sprechvers mit Bewegung, Verklanglichung der Geschichte (Geräuschmaterialien oder Instrumente werden in das aufgebaute Schloss gelegt), Lied mit Bewegungen. Die Geisterstunde kann beginnen. Mögliche Regieabfolge: ● Sprechvers ● zwölf Beckenschläge ● Geschichte mit Verklanglichung ● beim „Tanz der Gespenster" wird die Geschichte unterbrochen und das Lied – wie gemeinsam erarbeitet – getanzt ● ein Beckenschlag ● Verklanglichung der Geschichte bis zum Ende

C: Mit Musik bewegen – Beschäftigungseinheiten

Das Gespensterfest
T. und M.: *Gerda Bächli, aus: „Im Bim Bam Bummelzug"; Rechte: Musikverlag PAN, Zürich*

Der Wald raschelt – ein Käuzchen ruft. Es schlägt zwölf. Wir singen leise das Lied vom Gespensterfest.

Das Lied kann auch ohne Akkorde nur mit einem Bordun aus den Tönen d und a begleitet werden. (Vgl. Kap. A 3, S. 38.)

Aufgaben

1 Erarbeiten Sie in Kleingruppen eine Klanggeschichte zu einem der folgenden Themen:
- Eine Reise ins Feenland
- Eine Fahrt durch die Tiefen des Meeres
- „Countdown" – ab ins Weltall
- „Manege frei" – ein Besuch im Zirkus
- im Zauberwald

Achten Sie darauf Worte zu verwenden, die Bewegungen anregen und eine Verklanglichung ermöglichen. (Vgl. Kap. C 2, S. 92.)

2 Erarbeiten Sie diese Geschichte mit Ihrer Praxisgruppe.

4.3 Das Königskind – vorgegebene Bewegungen

Im folgenden Gedicht „Das Königskind" wird der Inhalt zunächst über Bewegungen, die von der Kinderpflegerin vorgegeben werden, erschlossen. Die nachfolgende Verklanglichung wird aus der vorgegebenen Bewegung erarbeitet. Die Einheit geht im methodischen Vorgehen besonders vom Bewegungsansatz aus. Die dargestellte Vorgehensweise kann auf **jedes andere Fingerspiel** übertragen werden.

Das Königskind

Ein König hat ein schönes Schloss	Beide Hände formen auf dem Kopf eine Krone; anschließend die Arme sehr hoch zu einem Dach zusammenlegen.
in einem Garten riesengroß.	Der rechte Zeigefinger beschreibt einen großen waagrechten Kreis.
Viel Bäume in dem Garten stehn,	Beide Arme mit gespreizten Fingern hochhalten.
ein See ist auch darin zu sehn.	Beide Arme werden zu einem waagrechten Kreis geschlossen.
Die Wellen treibt der lust'ge Wind,	Arme und Hände bewegen sich wellenförmig.
am Ufer tanzt das Königskind.	Die rechte, aufrecht gestellte Hand dreht sich nach rechts und links.
Ein Fisch schwimmt munter in dem See,	Die dicht aneinander gelegten Hände machen leichte schlängelnde Bewegungen.
Springbrunnen plätschert in die Höh.	Beide Fäuste werden zusammengelegt, dann nach oben gezogen und geöffnet. Die geöffneten Hände fallen nach außen zurück und schließen sich unten wieder zur Doppelfaust. Wiederholen.
Die Wolken ziehen drüber hin.	Die Hände mit Handrücken nach oben werden waagrecht hochgehalten und beschreiben den Weg der Wolken.
Am Fenster schaut die Königin.	Daumen und Zeigefinger beider Hände werden zu dem Fenster zusammengelegt.
Und hoch im Baum	Den linken Arm mit abgespreizten Fingern hochhalten.
ein Vogel singt.	Die rechte geschlossene Hand wird an die Finger der linken Hand gehalten. Rechter Zeigefinger und Daumen bilden den Schnabel, der sich öffnet und schließt.
Es tanzt das kleine Königskind.	Die rechte aufgestellte Hand dreht sich nach rechts und links.

C: Mit Musik bewegen – Beschäftigungseinheiten

Es werden benötigt:

- Barocke Musik (z. B. Menuett im ¾ Takt),
- 12 Karten (siehe Abbildungen), Größe mind. DIN A 5,
- Rhythmusinstrumente und Stabspiele,
- Band zum Abkleben oder Seile zum Begrenzen der Spielstraße.

Beispiel für die Bildtafeln des Bewegungsspiels „Das Königskind"

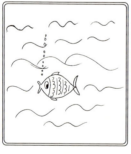  

Ablauf der Beschäftigungseinheit

Einstimmung	Die Einstimmung auf die Einheit erfolgt, indem eine passende Musik, z. B. ein barockes Menuett, gespielt wird. Die Kinder schreiten durch den Raum und verbeugen sich mit einem Hofknicks voreinander. Sie müssen nun raten, wo sie sich befinden. Gemeinsam wird mit dem Klebeband im imaginären Hofgarten eine Spielstraße aufgeklebt (die Spielstraße kann auch mit Seilen oder Stühlen abgegrenzt werden); es entsteht eine Gasse.
Bilder in Bewegung	Einige ausgewählte Karten werden verdeckt an die Kinder verteilt. Jedes Kind kann nun den anderen auf der Spielstraße seine Rolle vorstellen (z. B. die tanzende Prinzessin oder der schwimmende Fisch). Die zuschauenden Kinder beschreiben, was sie sehen und bitten um eine genauere Darstellung, wenn die Rolle nicht erkannt werden kann.
Gedicht in Bewegung	In einem Gespräch wird der Inhalt des Gedichtes besprochen. Das Gedicht wird nun mit den festgelegten Bewegungen vorgetragen. Die Kinder machen die Bewegungen sofort mit.
Bilder ordnen	Jetzt werden alle Bilder an einer Tafel befestigt, die Bewegungen wiederholt und geübt. Nun lassen sich die Bilder in der richtigen Reihenfolge ordnen. Am Ende können die Kinder die Bewegungsabfolge ohne Text, nur mithilfe der Bilder durchführen. Im Flankenkreis malen die Kinder die Geschichte auf den Rücken des Vordermannes. Die Kinderpflegerin spricht nochmals den Text.
Verklanglichung	Ein Kind nach dem anderen holt sich ein selbst gewähltes Instrument und spielt damit so lange auf seinem Platz, bis das nächste Kind zu spielen beginnt. Das Holen der Instrumente soll so leise erfolgen, dass die Gruppe dem Kind zuhören kann, das gerade sein Instrument vorstellt. Jedes Kind versucht nun, die Bewegung des Bildes auf seinem Instrument klingen zu lassen; beispielsweise ergibt sich aus der Textstelle „die Wellen treibt der lust'ge Wind" und der dazugehörigen Bewegung ein Glissando-Spiel auf dem Glockenspiel. Wenn alle Kinder ihre musikalische Rolle gefunden haben, spricht die Kinderpflegerin das Gedicht vor und die Kinder verklanglichen den Text. (Siehe Kap. C 2, S. 99.) Anschließend sollen die Kinder das Gedicht verklanglichen, ohne dass der Text gesprochen wird. Die Kinderpflegerin zeigt nur noch auf die Bilder.
Bewegung und Klang	Im nächsten Schritt wird die Kindergruppe geteilt, eine Gruppe führt die Bewegungen aus, die andere Gruppe macht die Musik dazu. Das Gedicht soll gemeinsam gesprochen werden. Zum Abschluss werden Musik und Bewegung ohne das gesprochene Wort durchgeführt.
Abschlussvariante	Die Kinderpflegerin erarbeitet mit den Kindern ein gemeinsames Tänzchen (im ¾ Takt) auf den Instrumenten. Diese Musik erklingt immer dann, wenn das Königskind tanzt.

Aufgaben

1. Finden Sie passende Fingerspiele und wählen Sie ein Fingerspiel aus.
2. Setzen Sie die Bewegungen der Finger in Ganzkörperbewegungen um.
3. Verklanglichen Sie das Fingerspiel.

4.4 Das Regenlied – Aufforderung zum Tanz

Diese Einheit setzt musikalische Grundkenntnisse voraus. Zum einen sollten die Kinder die in der Geschichte verwendeten Instrumentennamen kennen und zuordnen können. Zum anderen sind rhythmische Erfahrungen für die Tanzbegleitung erforderlich.

Die in der Geschichte aufgeführten Instrumente sind beispielhaft. Auf vorhandenes Instrumentarium kann zurückgegriffen werden. Auch der Einsatz von Körperinstrumenten wie Klatschen, Patschen, Stampfen und vor allem der Stimme ist natürlich möglich. Mit den Instrumenten wird der Inhalt der Geschichte zunächst vertont. Später werden die Instrumente zur Begleitung des Tanzes im gebundenen Rhythmus gespielt. Natürlich kann dabei der Schwierigkeitsgrad entsprechend der Gruppe angepasst werden.

Das wichtigste Element in der Geschichte bildet jedoch ein Tanz: die rhythmische Bewegung steht im Vordergrund!

Das Regenlied

nach einer Geschichte von M. Marina

An der westlichen Küste Afrikas lebt der Stamm der Olinkas (alle Instrumente spielen). Die Olinkas sind ein sehr fröhliches Volk, das oft große Feste feiert (alle Instrumente). Sie tanzen und spielen dabei auf Instrumenten: auf Bongos, auf Handtrommeln, auf Glockenspielen, Rasseln, Schellentrommeln und auf einem Regenrohr (das jeweils genannte Instrument spielt).

In Afrika scheint auch immer die Sonne (Glockenspiel). Deswegen haben die Menschen auch so eine schöne Hautfarbe. Aber wenn die Sonne immer scheint, gibt es kaum Wasser. Dann haben nicht nur die Olinkas schrecklichen Durst, sondern auch die Tiere.

Der Elefant (Bongos) kann sich nicht mehr im Schlamm baden und das macht er besonders gerne. Aber auch Löwen und Tiger (Schellentrommeln) haben schrecklichen Durst. Nur für die Klapperschlange (Vibra-Slap oder Rassel) ist es nicht so schlimm, die schlängelt sich am liebsten in der heißen Wüste (Glockenspiel).

Manchmal regnet es aber sehr lange nicht, dann beschließt der Stamm der Olinkas ein Regenfest zu feiern. Denn mit dem Singen des Regenliedes fängt es dann hoffentlich zu regnen an.

Miteinander singen und tanzen die Olinkas das Regenlied.

C: Mit Musik bewegen – Beschäftigungseinheiten

Wenn sie lange genug getanzt haben, fängt es plötzlich an zu tröpfeln (Handtrommeln). Erst langsam, dann regnet es richtig schön und viel (Regenrohre). Da freuen sich nicht nur die Olinkas, sondern auch der Elefant (Bongos), die Löwen und die Tiger (Schellentrommeln) und sogar die Klapperschlange (Vibra Slap oder Rasseln).

Regenlied

M.: H. Brückner, C. Zöllner

Ablauf der Beschäftigungseinheit

Regenlied mit Bewegung	Die Kinderpflegerin geht im Metrum des Regenliedes durch den Raum und klatscht dazu im Off-Beat (gegen den Taktschwerpunkt des 4/4 Taktes – auf die Zwei und die Vier). Durch intensives Zuklatschen (und Anschauen) wird ein Kind nach dem anderen aufgefordert mitzugehen und dabei die Bewegungen zu übernehmen. Die Übung führt in die Kreisbahn. Der Gehschritt wird zu einem Anstellschritt (ständig wechselnd von rechts nach links) und wird in verschiedenste Richtungen (z.B. Flankenkreis, Frontalkreis) ausgeführt. Währenddessen beginnt die Kinderpflegerin das Tanzlied zu singen; in der Regel singen die Kinder ohne weitere Aufforderung mit. (Siehe Kap. C 1, S. 79.)
Geschichte hören	Über das Tanzlied wird zur Geschichte hingeführt. Die Kinder hören diese und erfahren dabei, welche Instrumente die „Olinkas" spielen könnten.
Verklanglichung der Geschichte	Die Kinder erhalten die Möglichkeit, sich ein Instrument ihrer Wahl zu holen. Im gemeinsamen Erproben wird festgelegt, welche Instrumente die einzelnen Rollen in der Geschichte verklanglichen und wann ein gemeinsames Spiel erfolgt. Die Klanggeschichte wird durchgeführt, das Tanzlied wird nochmals ohne Instrumentalbegleitung in die Geschichte integriert. (Siehe Kap. C 2, S. 97.)

Regenlied mit Instrumenten	Im nächsten Schritt kommt die Erarbeitung der Instrumente für die Begleitung des Regenliedes hinzu. Da nicht alle in der Geschichte eingesetzten Instrumente zum Spielen eines festen Rhythmus geeignet sind, erhalten die Kinder z.B. statt Vibraslap und Regenrohr Claves, Handtrommeln oder setzen Körperinstrumente ein. Der Einsatz der Instrumente kann unterschiedlich erfolgen: • Alle Instrumente übernehmen den Rhythmus. • Alle Instrumente übernehmen das Metrum. • Alle Hölzer übernehmen den Grundschlag, den „Off-Beat" übernehmen die übrigen Instrumente (als Variante auch umgekehrt). Weitere Möglichkeiten können erprobt werden. (Siehe Kap. C 1, S. 85.) Die instrumentale Gestaltung des Tanzes kann im Stehen, im Gehen am Platz, im Gehen durch den Raum, im Gehen auf der Kreisbahn mit Vorwärts- oder Anstellschritten erarbeitet und geübt werden.
Gesamtgestaltung	Eine Gesamtgestaltung mit Verklanglichung der Geschichte und dem mit Instrumenten begleiteten Tanz runden die Einheit ab.
Schminken und Solotanz	Zum Abschluss dürfen sich die Kinder gegenseitig anmalen. Jeweils zwei Kinder erhalten nun die Möglichkeit für einen „Soloauftritt" beim Tanz der Olinkas. Dazu spielen die übrigen Kinder mit der Kinderpflegerin auf ihren Instrumenten und begleiten und singen das Regenlied. Sie bewegen sich dabei stampfend am Platz. Während eines gesamten Lieddurchganges haben die beiden „Solisten" in der Kreismitte die Möglichkeit, ihren Regentanz darzustellen. Anschließend erfolgen 4 bzw. 8 metrische Schläge auf der Trommel. In dieser Zeit lösen die Tänzer zwei Instrumentalisten ab. Das Spiel endet, wenn alle Kinder ihre eigene Regentanzerfahrung gemacht haben. (Warum sollte man dies nicht nach einem leichten Sommerregen im Garten ausprobieren?)

Aufgaben

1. Suchen Sie nach Klanggeschichten, in die ein Tanz als Gestaltungselement eingebaut werden kann.
2. Entwickeln Sie zu einer dieser Geschichten mit Ihrer Lerngruppe eine Tanzgestaltung mit Instrumentalbegleitung.
3. Vereinfachen Sie diese Tanzgestaltung für Kinder unterschiedlicher Altersstufen.

4.5 Was ich liebe – Übungen zum gelösten Singen

Übungen zum gelösten Singen (und Musizieren) lassen sich drei Gruppen zuordnen:

- Lockerungs-, Entspannungs- und Haltungsübungen
- Atemübungen und Übungen zur Aktivierung des Zwerchfells
- Übungen zur Lockerung der Sprechwerkzeuge

C: Mit Musik bewegen – Beschäftigungseinheiten

Gerade in der Arbeit mit Kindern im Kindergarten soll chorische Stimmbildung vermieden werden. Übungen mit Spielcharakter – immer am Kinderlied orientiert – stimmen die Kinder wesentlich besser auf das Singen ein. Dieser Spielcharakter kann gut mit Bewegungsübungen erreicht werden. Dies soll am folgenden Lied aufgezeigt werden. (Vgl. Kap. B 2.)

Auf das eigentliche Erlernen und Gestalten des Liedes wird in diesem Kapitel nicht weiter eingegangen.

Was ich liebe

M.: überliefert

Ablauf der Beschäftigungseinheit

Lockerungs- und Haltungsübung „Marionette"	Zu Beginn singt die Kinderpflegerin mit der Klangsilbe „la" die Liedmelodie. Alle gehen dazu im Metrum durch den Raum. Bei „Singstopp + Klatschen" setzen sich die Kinder im Schneidersitz auf den Boden. Es wird das Bild einer Marionette beschrieben, die an einem Faden hängt und aufrecht dasitzt. Die Kinder spielen jetzt die Marionette. Dann laufen alle wieder im Metrum des Liedes. Bei „Singstopp + Stampfen" setzen sich die Kinder auf einen Hocker und spielen wieder die Marionette. Bei „Singstopp + Fingerschnipsen" bleiben die Kinder im Raum stehen, leicht hüftbreit, die Füße mit dem Boden verwurzelt und führen die Marionettenübung durch. In dieser Übungssequenz geht es vorrangig um eine gute Haltung der Kinder bei den Stopps und um Lockerung während der Gehphasen. Außerdem erhalten die Kinder einen ersten Höreindruck der Liedmelodie.

C: Mit Musik bewegen – Beschäftigungseinheiten

Liedinhalt	Die Kinderpflegerin singt das Lied mit Text vor. Der Liedinhalt wird mit den Kindern besprochen. Daraus ergeben sich die nachfolgenden Übungen.
Atemübung „atmende Blume"	Bei dem Spiel die „atmende Blume" sitzen oder stehen die Kinder aufrecht im Raum. Die Hände werden in Gebetshaltung vor der Brust gehalten. Beim Einatmen – immer durch die Nase – öffnen sich die Hände, beim Ausatmen – immer durch den Mund – schließen sie sich wieder. Im nächsten Schritt werden Bewegungsradius und Atemtiefe erweitert. Die Arme werden bei tiefem Einatmen weit gestreckt, beim Ausatmen schließen sich die Handflächen wieder in Gebetshaltung. Diese Übungen werden mehrere Male in verschiedenen Tempi wiederholt. Durch die Bewegung wird der Atemvorgang vertieft und die Kinder nehmen das eigene Atmen bewusst wahr; dies fördert das spätere Singverhalten der Kinder.
Lockerung der Sprechwerkzeuge und Aktivierung des Zwerchfells	Da im Lied inhaltlich Meer und Wind vorkommen, werden daraus Übungen zur Lockerung der Sprechwerkzeuge und zur Aktivierung des Zwerchfells entwickelt. Mit der Vorstellung eines ruhigen Meeres lassen die Kinder die Luft gleichmäßig hörbar – f.../sch.../s... – strömen. Wird das Meer unruhiger und stürmischer, atmen die Kinder stoßweise auf f-f-f bzw. sch-sch-sch oder s-s-s aus. Für geübtere Kinder kann diese Übung durch stoßweises Ausatmen auf f-sch-s – so schnell wie möglich – gesteigert werden.
Lied mit Bewegungsspiel	Den Abschluss der vorbereitenden Übungen bildet das Verteilen der Kinder im Raum. Die Kinderpflegerin führt die Kinder als Schlange durch den Raum und singt dabei das Lied. Beim Einsatz eines Körperinstrumentes (z. B. Fingerschnipsen, Patschen, Stampfen) bleibt jeweils das letzte Kind der Schlange am jeweiligen Platz stehen.

Aufgaben

1 Finden Sie je drei:
- Lockerungs-, Entspannungs- und Haltungsübungen,
- Atemübungen und Übungen zur Aktivierung des Zwerchfells,
- Übungen zur Lockerung der Sprechwerkzeuge.

(Siehe auch Kapitel B2 „Wie die Stimme funktioniert".)

2 Suchen Sie sich ein beliebiges Lied und erarbeiten Sie daran vorbereitende Übungen zum gelösten Singen.

4.6 Aram sam sam – Klanggesten und Tanz

Am folgenden Lied werden zwei Bewegungsschwerpunkte und deren Verknüpfung verdeutlicht. Durch das Arbeiten mit Klanggesten werden Metrum und Rhythmus des Liedes erfahrbar. Damit ist eine breite Grundlage für weitere musikalische Tätigkeiten wie z. B. für einen Tanz gelegt.

C: Mit Musik bewegen – Beschäftigungseinheiten

Der Kinderpflegerin sei an dieser Stelle Mut gemacht, für ihre Kindergruppe eigene Schrittfolgen zu Liedern zu erfinden. Vorgegebene Tänze können eigenständig vereinfacht werden; eine weitere Möglichkeit ist, mit den Kindern zusammen Tänze zu variieren.

Um eine Tanzgestaltung schwerpunktmäßig in der Liederarbeitung einzusetzen, eignen sich besonders gut einstrophige Lieder (beispielsweise auch das Lied „Was ich liebe").

Aram sam sam

Gestaltung mit Klanggesten und Bewegung

Klatsch = Klatschen;   Patsch = Patschen;   Stampf = Stampfen

| A | ram | sam | sam | | A | ram | sam | sam |

| Klatsch | patsch | patsch | patsch | | Klatsch | patsch | patsch | patsch |

| gulli | gulli | gulli | gulli | gulli | ram | sam | sam |

Arme drehen sich vor der   stampf stampf stampf
Brust umeinander   re   li   re

Arafi   Arafi
2 x Verbeugung mit vor der Brust gekreuzten Armen.

| gulli | gulli | gulli | gulli | gulli | ram | sam | sam |

Arme drehen sich vor der   stampf stampf stampf
Brust umeinander   re   li   re

133

Gestaltung als Tanz

Aufstellung im Frontalkreis

Siehe *Gestaltung mit Klanggesten und Bewegung*. Das Drehen der Arme wird durch eine Drehung um die eigene Achse ersetzt:

gulli   gulli   gulli   gulli   gulli
Drehung um die eigene Achse

Ablauf der Beschäftigungseinheit

Einführung mit Bewegung	In der Einführung werden die Kinder auf das Lied eingestimmt. Verschieden bunte Chiffontücher liegen im Raum verteilt. Jedes Kind begibt sich zu einem Tuch. Die Kinderpflegerin geht zu einer arabischen Musik (gerade Taktart) durch den Raum – Vorstellung: eine Karawane zieht durch die Wüste – und holt dabei die Kinder einzeln ab. Die Kinder halten sich nicht an den Händen sondern an den Tuchenden fest. Varianten: Karawane geht schneller (doppeltes Tempo) – langsamer (halbes Tempo), über Hindernisse, steigt aufwärts, schleicht leise. Eine selbst erfundene Geschichte von dem fernen Land Samaria regt die Fantasie der Kinder an.
Übungen zum gelösten Singen	Es folgen vorbereitende Übungen zum gelösten Singen, die Bezug zur Geschichte haben: ● Gähnen und Strecken nach der anstrengenden Reise, ● Übungen mithilfe des Chiffontuches, ● Treffen und Kennenlernen der fremden Menschen; Darstellung von großen, kleinen, schüchternen oder anderen Menschen.
Liedeinführung 1. und 2. Liedzeile	In Samaria wird ein großes Fest gefeiert, dazu soll ein Lied gesungen werden. Klatschen und Tanzen begleiten das Lied. Die Kinderpflegerin singt die ersten zwei Zeilen des Liedes vor und klatscht dazu. Die Kinder werden aufgefordert mitzuklatschen. Jede Klanggeste wird einzeln an den ersten beiden Liedzeilen mit den Kindern erarbeitet. Dadurch hören die Kinder immer wieder den Liedanfang und werden dabei motiviert mitzusingen. Wie und wann die einzelnen Körper- und Klanggesten miteinander kombiniert werden, entscheidet die Kinderpflegerin. Am Ende steht die beschriebene Fassung. (Siehe Kap. C 1, S. 87.) Der erste Teil des Liedes wird nun in unterschiedlicher Dynamik gesungen und mit unterschiedlichen Bewegungen begleitet. Dabei dienen die großen, kleinen oder schüchternen Menschen aus Samaria wieder als Vorstellungshilfe.

3. und 4. Liedzeile	Der zweite Teil des Liedes wird sofort mit allen Körper- und Klanggesten erarbeitet, da der größte Teil bekannt ist.
Tanzeinführung	Wie bei der Klanggestenerarbeitung aufgezeigt, wird auch der Tanz – entsprechend dem Tempo der Gruppe – schrittweise erarbeitet.
Weiterführung Liedbegleitung mit Instrumenten	Die Kinderpflegerin erzählt, dass es auf dem Fest in Samaria auch Musiker gibt, die das Lied mit Instrumenten begleiten. Körper- und Klanggesten werden jetzt auf Instrumente übertragen. Klatschen = Bassklangstab auf C Klatschen-Patschen = auf Stabspielen CFFF CFFF Stampfen = Handtrommel Gulli Gulli = Triangel
Abschluss	Zum Abschluss erzählt die Kinderpflegerin den Kindern, dass nun der Zeitpunkt des großen Festes gekommen ist und sie sich dazu mit den Chiffontüchern verkleiden dürfen. Lied, Tanz und Instrumentalmusik beenden das Fest.

Aufgaben

1 Finden Sie einstrophige Lieder, die sich gut für eine Tanzgestaltung/ Klanggestengestaltung eignen.

2 Wählen Sie ein Lied aus und gestalten Sie zwei Tänze: einmal für kleine Kinder und einmal für große Kinder.

3 Erarbeiten Sie an einem Lied den Einsatz von Klanggesten.

4.7 Die Erde ist ein Ball – gebundene Bewegungsabfolgen

In diesem Abschnitt wird – ähnlich der festen Schrittfolge beim Tanz – eine wiederholbare Bewegungsabfolge als Gestaltungselement für das Lied eingesetzt.

In der Literatur vorgegebene Bewegungsabfolgen können verwendet werden. Es ist möglich, sie jederzeit selbst festzulegen und zu variieren. Besonders motivierend ist es, wenn die Kinder ihre eigene Bewegungsimprovisation finden.

Bei dem folgenden Lied handelt es sich um ein „Vorsänger – Nachsänger Lied". Das hat den Vorteil, dass Melodie, Text und Bewegung gleich einem Echo *sofort* von der Gruppe übernommen und umgesetzt werden können.

Die Erde ist ein Ball

T. und M.: Lars Ake Lundberg (Original: Jorden oer ett klot); deutsche Fassung: Gerhard Schöne © M: Strube Verlag, München-Berlin

2. Am Anfang war sie rot,
brodelnd aus Glut,
dann steinhart und kalt.
Das ist gut!
3. Wasser sammelt sich,
Meere entstehn,
Quell'n und Flüsse auch.
Das ist gut!
4. Die Sonne kommt dazu,
wärmt unsern Ball,
alles grünt und blüht.
Das ist gut!

5. Tiere krabbeln rum,
Saurier und Floh,
mittelgroße auch.
Das ist gut!
6. Menschen ganz zum Schluss,
unheimlich schlau,
wohnen auf dem Ball.
Das ist gut!
7. Die Erde ist ein Ball,
ein runder Stern,
schwebt im Himmelsblau.
Das ist gut!

Bewegungsgestaltung zum Lied Die Erde ist ein Ball

Strophe 1:
Arme nach unten in Kreisform
Arme nach oben in Kreisform
Arme zur Seite mit Wellenbewegungen
Arme vor der Brust ➔ Handflächen nach oben öffnen

Strophe 2:
Arme zur Mitte mit Fingerbewegungen
Arme nach oben mit Fingerbewegungen
Armen nach vorne ausstrecken und Hände zu Fäusten ballen
Wie Strophe 1: 4. Zeile

C: Mit Musik bewegen – Beschäftigungseinheiten

Strophe 3:
Arme zum Körper mit Fingerbewegungen
Arme nach außen öffnen
„Schlangenarme" frei bewegen
Wie Strophe 1: 4. Zeile

Strophe 4:
Kopf und Arme nach oben strecken
Arme vor der Brust weich zusammennehmen
Hände öffnen → wie Knospen
Wie Strophe 1: 4. Zeile

Strophe 5:
Arme zur Seite ⇒ Nachbarn kribbeln
Arme weit ⌒, Arme und Finger eng zusammen
mit Fingern kribbeln im mittleren Abstand
Wie Strophe 1: 4. Zeile

Strophe 6:
Einen Schritt zur Mitte gehen
Hand auf die Brust legen
Alle fassen sich an den Händen
Wie Strophe 1: 4. Zeile

Strophe 7: wie Strophe 1

Ablauf der Beschäftigungseinheit

Einführung – Vorsingen des Liedes	Die Kinder sollen die Bilder wahrnehmen, ihre Eindrücke aber noch nicht verbalisieren. Im Raum verteilt liegen Matten aus; jedes Kind legt sich auf eine Matte und schließt die Augen. Die Kinderpflegerin singt das Lied vor. Sie summt die Nachsänger-Teile.
Liedinhalt – Bilder	Gemeinsam mit den Kindern wird der Inhalt des Liedes besprochen und die Bilder werden in der Versfolge geordnet.
Übungen zum gelösten Singen	Die vorbereitenden Übungen zum gelösten Singen orientieren sich am Inhalt des Liedes: Übungen mit dem Japanball (Assoziation Erde) oder Luftballonübungen: „Mein Körper ist ein Luftballon" Die Kinder sitzen in der Hocke, blasen sich beim Einatmen wie ein Luftballon auf und werden immer größer, beim Ausatmen umgekehrter Vorgang. Diese Übung kann auch mit gefassten Händen in Partner- oder Gruppentätigkeit ausgeführt werden (Assoziation Erde).

C: Mit Musik bewegen – Beschäftigungseinheiten

	Summübung: „Tiere krabbeln rum". Die Kinder stehen an einer Seite des Raumes und schließen auf ein Signal hin, z. B. ein Triangelschlag, die Augen. Ein Kind mit offenen Augen verändert seinen Standort im Raum, bleibt dann stehen und beginnt zu summen: mmm... , auch www ..., lll ..., nnn (auch Lu-lu, Lo-lo als Variante für die Geläufigkeit der Zunge). Die übrigen Kinder deuten erst mit den Fingern auf die Klangquelle und bewegen sich vorsichtig auf sie zu. Alle summen den Ton mit. Übungen zu den Inhalten Meer, Wind, Blumen.
Liedvermittlung	Das Lied wird von der Kinderpflegerin mit Bewegungen vorgesungen; die Kinder sind das Echo im Gesang und in der Bewegung. Anschließend stellen sich die Kinder in einem weiten Halbkreis und fassen sich an den Händen, während die Vorsängerin singt; die Durchführung des Liedes erfolgt wieder mit Gesang und Bewegung. (Siehe Kap. C 1, S. 76.)
Singen mit Bildern	Die Bilder (siehe Anregungen auf S. 136 ff.) werden jetzt großflächig im Raum verteilt. Die Vorsängerin läuft zu dem entsprechenden Bild, die Kinder gehen beim Nachsingen hinterher. Der Vers wird im kleinen Kreis um das Bild beendet. Die in allen sieben Versen gleiche Bewegung der letzten zwei Takte (Textstelle: „Das ist gut") wird ausgeführt. Die übrigen Bewegungen entfallen in dieser Phase.
Inneres Singen	Jetzt werden die Bilder in die Mitte des Kreises gelegt. „Vorsänger" und „Nachsänger" führen das Lied ausschließlich in der Bewegung aus. Die Bewegung der „Nachsänger" beginnt erst dann, wenn die Bewegung der „Vorsängerin" eindeutig stoppt. Die „Bilder des Liedes" werden in „bewegter Stille" erfahren.
Abschluss	Zum Schluss erklärt die Kinderpflegerin den Kindern, dass sie Dinge, die im Lied vorkommen, mitgebracht hat. Eine Schale mit Wasser und Schwimmkerzen wird in die Mitte gestellt. Die Schwimmkerzen werden angezündet. Naturmaterialien – Steine, Blüten, Blätter, Früchte usw. – liegen bereit. Jedes Kind wählt einen Gegenstand aus und legt ihn in die Mitte. Mithilfe von zwei Symbolkärtchen, z. B. blaue Erdkugel und gelber Stern, werden die Kinder in zwei Gruppen geteilt und stellen sich abwechselnd (Stern – Erdkugel – Stern – usw.) im Kreis um die selbst gestaltete Mitte. Eine Gruppe übernimmt die Rolle der Vorsänger, die andere Gruppe den Part der Nachsänger.
Ausklang	Zum Ausklang erhalten die Kinder die Anregung, ein Bild zum Lied zu gestalten.

Aufgaben

1. Finden Sie Kinderlieder für Vorsänger und Nachsänger.
2. Gestalten Sie zu einem Lied eine gebundene Bewegungsabfolge.
3. Gestalten Sie zu einem Lied gemeinsam mit Ihrer Kindergruppe eine gebundene Bewegungsabfolge.

C: Mit Musik bewegen – Beschäftigungseinheiten

4.8 Das Schneeglöckchen – Anregung zur Ausdrucksgestaltung

Die Ausdrucksgestaltung liefert eine große Hilfe für das Erlernen von Versen. Denn Liedinhalte werden in Bewegungen umgesetzt und können so leichter behalten werden. Die vier Strophen müssen nicht „eingepaukt" werden, sondern die Kinder lernen den Text im Spiel.

Das Schneeglöckchen

2. Es streckt sein zartes Stänglein und läutet hell und klar:
   „Wacht auf ihr bunten Blumen, jetzt ist der Frühling da!"

3. Das hört das blaue Veilchen, die Tulpe guckt hervor.
   Das kleine Gänseblümchen spitzt auch sein rotes Ohr.

4. Doch als die Blumen blühten, schlief's Glöckchen wieder ein.
   Es mag vom vielen Läuten ganz müd geworden sein.

Ablauf der Beschäftigungseinheit

Einführung mit Puzzle	Ein Puzzlebild führt in der Einführung zur Thematik des Liedes hin. Auf dem Frühlingsbild sind Schneeglöckchen im Wachsen und Welken, Veilchen, Gänseblümchen, Vögel und die Sonne mit ihren Strahlen zu sehen. Die Anzahl der Puzzleteile sollte der Anzahl der Kinder entsprechen. Die Teile liegen mit der Bildseite nach unten auf einem Tisch. Jedes Kind dreht ein Puzzleteil um und beschreibt seinen Bildausschnitt.

139

C: Mit Musik bewegen – Beschäftigungseinheiten

Übungen zum gelösten Singen	Zu den folgenden „Bildern" werden Übungen zum gelösten Singen durchgeführt: „Gänseblümchen/Veilchen": Bei dieser Atemübung erhalten die Kinder Strohhalme und suchen sich einen Partner. Die Partner malen sich gegenseitig einfache Blumenformen auf Handflächen, Arme oder Wangen. Das Kind, das den Atem spürt, fährt die gefühlte Form mit dem Finger nach. „Tulpe": Hier wird die Übung „Die atmende Blume" durchgeführt. „Vögel": Als Lockerungsübung sollen sich die Kinder vorstellen, als kleines Vögelchen erste Flugversuche zu unternehmen. Arme und Oberkörper sollen schwerpunktmäßig gelockert werden. „Schneeglöckchen": Diese Übung dient der Lockerung der Singwerkzeuge und der Aktivierung des Zwerchfells. Zu der Vorstellung „Die Schneeglöckchen läuten den Frühling ein" werden die Silben „bimmbamm" vor- und dann nachgesungen. Folgende Vorstellungen variieren diese Übung: „Morgens ist die Glocke noch müde, sie wird wacher und ist mittags ganz munter". Die Dynamik dieser Übung wird verstärkt, wenn sich alle Kinder an den Händen fassen und die Glockenbewegung mit ihrem Körper mitschwingen lassen.
Puzzleteile zusammensetzen	Anschließend setzen die Kinder die Puzzleteile zum Bild zusammen und die Kinderpflegerin singt das Lied mit allen Versen vor. Dabei zeigt sie den Liedinhalt auf dem Puzzlebild. Der Liedinhalt wird noch einmal gemeinsam besprochen.
Bewegungsspiel zum Lied	Die Kinder werden angeregt, sich einen Platz im Raum zu suchen und ein „schlafendes Schneeglöckchen" darzustellen. Die Kinderpflegerin akzeptiert die unterschiedlichen Darstellungen der Kinder. Sie geht nun singend von Schneeglöckchen zu Schneeglöckchen und weckt diese auf, dann führt sie die Kinder in den Kreis.
Bewegungsgestaltung 1. Strophe	Gemeinsam wird eine Bewegungsgestaltung für den ersten Vers gefunden. (Siehe Kap. C 1, S. 76.) Vorschlag Vers 1: Takt 1–4: Hockstellung, den Kopf auf die Hände gebettet. Takt 5–8: Hockstellung, Schlafstellung aufgeben und Arme hin und her wiegen. Takt 9–12: Zum Stand kommen, Arme in Schulterhöhe mit dem Oberkörper hin und her wiegen.
2. Strophe	Fließend geht es in das „Ersingen" und „Erspielen" des zweiten Verses über. Vorschlag Vers 2: Takt 1–4: Arme weit nach oben strecken. Takt 5–8: Vom Bauch her die Arme mit Schwung nach oben führen und die Hände der Nachbarn fassen und gemeinsam wiegen. Takt 9–12: Erneut die Arme vom Bauch her mit Schwung nach oben führen und um die eigene Achse drehen.

3. Strophe	Zum Erlernen des dritten Liedverses suchen sich die Kinder zunächst eine Rolle heraus: Veilchen, Tulpe oder Gänseblümchen. Alle Kinder befinden sich nun wieder in der Hocke und kommen an „ihrer" entsprechenden Textstelle in den Stand.
4. Strophe	Die Ausdrucksgestaltung des vierten Verses bildet die Umkehrung des ersten Verses. Alle Kinder stellen wieder das Schneeglöckchen dar und gehen aus der nach oben gestreckten Körperhaltung in die Hocke zurück.
Abschluss	Das Lied wird mit dynamischen Varianten gesungen und gespielt. Zum Abschluss werden die Rollen des Liedes auf alle Kinder aufgeteilt. Eine szenische Darstellung fasst die erarbeiteten Elemente zusammen.
Weiterführung	In einer weiterführenden Einheit kann die Ausdrucksgestaltung mit Körperinstrumenten, Schlag- und Rhythmusinstrumenten und Stabspielen begleitet werden.

Aufgaben

1. Finden Sie Kinderlieder, die sich gut für eine Ausdrucksgestaltung eignen.
2. Wählen Sie ein Lied aus und planen Sie eine Ausdrucksgestaltung.
3. Führen Sie die Gestaltung mit Ihrer Kindergartengruppe durch und vergleichen Sie geplante und entstandene Ausdrucksgestaltung miteinander.

4.9 Entspannen mit Musik – das tut gut

Musik in Verbindung mit Bewegung kann entspannen, beruhigen, lösen. Körpererfahrung wird so erlebbar und kann andere zum Mitmachen anregen. Solche Entspannungssequenzen lassen sich am besten situationsbezogen (z. B. „zum Ankommen oder Gehen", vor oder nach Pausen oder integriert in Beschäftigungsangebote) einsetzen.

Ablauf der Beschäftigungseinheit

Ausgangssituation	Ausgangsstellung ist die Kreisform. Die Kinderpflegerin wählt eine ruhige Musik (z. B. J. S. Bach: Air, Pachelbel: Kanon, Vangelis: Conquest of Paradise). Die Musik läuft während der gesamten Sequenz über eine Dauer von mindestens 15 Minuten.
Einführung der Übungen (siehe unten)	Zunächst wird die Übung „Die Sonnenblume erwacht" und „Die Sonnenblume verwelkt" mit allen Kindern wie unten erläutert durchgeführt.

C: Mit Musik bewegen – Beschäftigungseinheiten

Durchführung als Partnerübung	Anschließend sucht sich jedes Kind einen Partner. Beide wählen einen Platz im Raum, der ausreicht, um sich mit zur Seite gestreckten Armen einmal um sich selbst drehen zu können ohne anzustoßen. Sie entscheiden, wer das ganze Stück hindurch die „Sonnenblume" spielt. Zunächst sind beide Spieler Sonnenblumen. Bei einem lauten Schlag auf die Handtrommel spielt der eine das Wetter und massiert den Partner. Bei zwei Schlägen auf die Handtrommel sind beide wieder Sonnenblumen. In der Wiederholung wird gewechselt.

Das Wetter begleitet die Sonnenblume durch das Jahr

Die Sonnenblume erwacht

Du bist ein kleiner Sonnenblumenkern und schlummerst in der Erde.

Die warmen Sonnenstrahlen des Frühlings wecken dich und langsam wächst dein Stiel.

Die Kinder beobachten die Kinderpflegerin und übernehmen deren Bewegungen.

Sich in den Hockstand mit gesenktem Kopf und abgestützten Händen begeben.

Sich langsam aufrichten:

- zunächst die Knie strecken
- dann den Rücken aufrollen („die Arme ziehen dabei in den Boden, der Kopf bleibt hängen")
- dann die Schultern hochrollen
- und erst ganz zum Schluss den Kopf heben

Deine Blätter breiten sich aus.

Mit den Armen strecken und recken und tief durch die Nase einatmen und durch den Mund ausatmen.

Du bist ganz tief in der Erde verwurzelt und fest im Boden verankert.

Füße hüftbreit fest auf den Boden stellen.

Auch der Wind kann dich nicht entwurzeln.

Oberkörper nach rechts und links und vorne und hinten, auch im Kreis pendeln, aber die Füße fest am Platz lassen.

Signal: Ein Trommelschlag

Das Wetter

Du blühst viele Tage lang, wenn die Sonne scheint.

Auch ein Regen tut dir gut.

Rückenmassage

Mit den flachen Händen über den Rücken des Partners an den Schultern beginnend nach unten streichen.

Mit den Fingerspitzen auf den Rücken des Partners trommeln.

C: Mit Musik bewegen – Beschäftigungseinheiten

Und du erlebst auch einmal ein Gewitter:

Es donnert.	Mit den Handflächen gefühlvoll auf den Rücken patschen.
Es blitzt.	Mit gespreizten Fingerspitzen über den Rücken von oben nach unten ziehen.
Es hagelt.	Mit den Zeigefingern fester auf den Rücken tippen.
Aber schnell scheint wieder die Sonne.	Nochmals mit flachen Händen über den Rücken des Partners an den Schultern beginnend nach unten streichen.

Signal: zwei Trommelschläge

Die Sonnenblume verwelkt   Beide spielen wieder Sonnenblumen

Langsam fallen im Herbst deine Blütenblätter und du verwelkst.

- Kopf nach vorne sinken lassen.
- Schultern nach vorne sinken lassen.
- Wirbelsäule nach vorne abrollen, dabei langsam in die Knie gehen.
- Am Schluss wieder in den Hockstand mit gesenktem Kopf und abgestützten Händen zurück.

Doch aus deinen Samenkörnern wächst im nächsten Frühjahr eine neue Sonnenblume.

Rollen tauschen und von vorne beginnen

Aufgaben

1. Finden Sie zu dieser Geschichte weitere geeignete Musikbeispiele.
2. Erarbeiten Sie selbst eine Entspannungsgeschichte mit Musik zu einem der folgenden Themen:
    - Tiere in der Wüste
    - Im Meer
3. Führen Sie eine Entspannungssequenz mit Ihrer Praxisgruppe durch.

Literaturhinweise

BARBARA HASELBACH, Tanzerziehung, Ernst Klett Verlag, Stuttgart 1988.

COBLENZER/MUHAR, Atem und Stimme, Deuticke, Wien 1976.

ELFRIEDE PAUSEWANG, Die Unzertrennlichen, Don Bosco Verlag, München, Band 3.

M. FINK/R. SCHNEIDER/D. WOLTERS, Bewegen und Entspannen nach Musik, Verlag an der Ruhr.

Sachwortverzeichnis

Akkord, Akkordaufbau 57
Akkordbezifferung 58
Akkordspiel 42
Akkordverbindungen 43, 59
Aktionsarten 13
Aram sam sam 132
Atemstütze 61
Atemübungen 130 f
Atmende Blume 131
Atmung 60
Atmungsphasen 60
Aus meinem Zauberkoffer 71
Ausdrucksgestaltung 140

Bassschlüssel 50
Becken 14
Begrüßungslieder 120
Beschäftigungseinheiten 119
Bewegungsabfolge 135
Bewegungsimprovisation 120
Bluesschema 46
Blues-Tonleiter 47
Bongos 25
Brustregister, Brustimme 64

Cabasa 21
Conga 17

Das Waldhaus 101
Die Erde ist ein Ball 135
Die kleine silberne Muschel 100
Dreischlägeltechnik 42
Dur-Tonarten 55
Dur-Tonleiter 54

Echospiel 39
Echospiel 81
Eignung einer Klanggeschichte 92
Eignung von Musikstücken 107
Elementare Instrumente 10
Entspannen 141

Filmmusik 115, 117
Fingerspiel 124
Flexaton 16
Frage-Antwort-Spiel 40
Frühling im Gebirge 93

Geisterstunde 120
Geräusch 9
Geschichte vom Feuersalamander 98
Geschichte vom roten Bällchen 96
Geschichte vom schönen Schmetterling 100
Geschichtenlied 74
Glockenspiel 40
Grafische Notation 16, 18, 20
Guiro 9

Hallo, Hallo 119
Haltungsübungen 130 f
Handlungsmöglichkeiten zur Musik 108
Holzblocktrommel 35
Holzrohrtrommel 27
Hörgewohnheiten 105
Hör-Spiele 10

Instrumentenverse 27
Intervalle 57

Kadenz 43, 59
Karneval der Tiere 113
Kastagnetten 28
Kazoo 19
Kehlkopf 62
Kinderopern 107
Klang 9
Klangbilder 14
Klänge der elementaren Instrumente 12
Klänge im Raum 11
Klänge mit alltäglichen Gegenständen 11
Klänge um uns 11
Klanggeschichte mit Tanz 128
Klanggeschichten 90
Klanggesten 23
Klanggesten und Tanz 132
Klangmaterialien 9
Klangstäbe 27
Klangstücke 16
König der Löwen 115
Königskind 124
Kopfregister, Kopfstimme 64
Kuckuck 114

Marionettenübung 131
Metallophon 42
Moll-Tonarten 56
Moll-Tonleiter 56
Musical 115, 117
Musik für Kinder 106

Natürlich Halbtöne 54
Notenschlüssel 50
Notenschrift 50
Notensystem 50
Notenwerte 52

Oktavbereiche 51
Orff-Instrumente 10
Ostinato 38

Papa Schlapp 73
Parallele Tonarten 56
Pattern 33
Pauke 28
Pentatonik 37

Pentatonische Tonleiter 38, 56
Percussion 33
Percussionsschlüssel 50
Percussionsstück 35
Peter und der Wolf 109 – 112
Programmmusik 108
Prokofieff, Sergej 109

Raab, Stefan 30
Randstimme 64
Rasseln 23
Regenlied 128
Registerwechsel 64
Rhythmische Bausteine 22
Rhythmische Liedbegleitung 83
Rhythmische Sprechstücke 29
Rondo 24, 27
Rondospiel 40

Saint-Saëns, Camille 113
Schneeglöckchen 139
So groß wie ein Baum 75
Sonnenblume 142
Spiele zur Liedmelodie 81
Spielideen 68
Spiellied 68, 69
Stabspiele 37
Stammtöne, Stammtonreihe 51
Stimmlippen 62
Stimmregister 64
Stimmritze 62
Stimmumfang 65
Strophenerfindung 69

Taktarten 52
Tamburin 24
Tanzlied 77
Ton 9
Tonerzeugung 62

Übungen zum gelösten Singen 132, 134, 137, 140
Unter dem Sternenhimmel 116

Versetzungszeichen 51
Vibraslap 13
Violinschlüssel 50
Vollstimme 64
Vorsänger-Nachsänger-Lied 136
Vor-und Nachsingmethode 81
Vorzeichen 52

Wenn der Elefant... 78, 84

Xylophon 37

Ziele der Liedvermittlung 88
Ziele von Klanggeschichten 103
Ziele des Musikhörens 118
Zwerchfell 60